Como ler Lacan

Slavoj Žižek

Como ler Lacan

Tradução:
Maria Luiza X. de A. Borges

Revisão técnica:
Marco Antonio Coutinho Jorge
*Professor do Programa de Pós-graduação em Psicanálise,
Instituto de Psicologia/Uerj*

11ª reimpressão

Para Tim, o mais jovem materialista dialético do mundo!

Tradução autorizada da primeira edição inglesa, publicada em 2006 por Granta Books, Londres, Inglaterra, na série How to Read, sob edição de Simon Critchley.

Grafia atualizada segundo o Acordo Ortográfico da Língua Portuguesa de 1990, que entrou em vigor no Brasil em 2009.

Título original
How to Read Lacan

Capa
Dupla Design

Foto da capa
© François Leclaire/ Sygma/ Corbis/ LatinStock

Projeto gráfico
Carolina Falcão

Preparação
Ana Júlia Cury

Indexação
Geísa Pimentel Duque Estrada

Revisão
Sandra Mager
Claudia Ajuz

CIP-Brasil. Catalogação na publicação
Sindicato Nacional dos Editores de Livros, RJ

Z72c Žižek, Slavoj, 1949-
Como ler Lacan / Slavoj Žižek; tradução Maria Luiza X. de A. Borges; revisão técnica Marco Antonio Coutinho Jorge. – 1ª ed. – Rio de Janeiro: Zahar, 2010.

Tradução de: How to Read Lacan.
Inclui índice e cronologia
ISBN 978-85-378-0243-4

1. Lacan, Jacques, 1901-1981. I. Título.

CDD: 150.195
10-1347 CDU: 159.964.2

EDITORA SCHWARCZ S.A.
Praça Floriano, 19, sala 3001 — Cinelândia
20031-050 — Rio de Janeiro — RJ
Telefone: (21) 3993-7510
www.companhiadasletras.com.br
www.blogdacompanhia.com.br
facebook.com/editorazahar
instagram.com/editorazahar
twitter.com/editorazahar

Sumário

Introdução

Tentemos lavar um pouco mais nossos miolos.[1]

Em 2000, o centésimo aniversário da publicação de *A interpretação dos sonhos* de Freud foi acompanhado por uma nova onda de proclamações triunfalistas a respeito da morte da psicanálise: com os novos avanços das ciências do cérebro, ela está enterrada onde sempre deveria ter estado, no quarto de despejo das buscas pré-científicas e obscurantistas de significados ocultos, ao lado de confessores religiosos e intérpretes de sonhos. Como diz Todd Dufresne,[2] nenhuma figura na história do pensamento humano esteve mais errada acerca de todos os seus fundamentos – com exceção de Marx, acrescentariam alguns. Era de se esperar que em 2005 o escandaloso *Livro negro do comunismo*,[3] listando todos os crimes comunistas, fosse seguido pelo *Livro negro da psicanálise*, que listava todos os erros teóricos e as fraudes clínicas dos psicanalistas.[4] Dessa maneira negativa, pelo menos, a profunda solidariedade entre o marxismo e a psicanálise é agora exibida à vista de todos.

Há algum sentido nessa oratória fúnebre. Um século atrás, para situar sua descoberta do inconsciente na história da Europa moderna, Freud desenvolveu a ideia de três humilhações sucessivas sofridas pelo homem, as três "doenças narcísicas", como as chamou. Primeiro Copérnico demonstrou que a Terra gira em torno do Sol, e assim privou-nos a nós, seres humanos, do lugar central no Universo. Depois Darwin demonstrou que emergimos da evolução cega, e nos tomou nosso lugar de honra entre os seres vivos. Finalmente, quando Freud descobriu o papel predominante do inconsciente em processos psíquicos, revelou-se que nosso eu não manda nem mesmo em sua própria casa. Hoje, um século depois, um quadro mais implacável está emergindo. Os últimos avanços científicos parecem infligir uma série de humilhações adicionais à imagem narcísica do homem: nossa mente é uma mera máquina de calcular, processando dados; nosso senso de liberdade e autonomia é a ilusão do usuário dessa máquina. À luz das ciências do cérebro, a própria psicanálise, longe de ser subversiva, parece antes pertencer ao campo humanista tradicional ameaçado pelas mais recentes humilhações.

Assim, será que a psicanálise está realmente obsoleta em nossos dias? Parece que sim, em três níveis interligados: 1) o do conhecimento científico, em que o modelo cognitivista-neurobiológico da mente humana parece suplantar o modelo freudiano; 2) o da clínica psiquiátrica, em que o tratamento psicanalítico está perdendo terreno rapidamente para pílulas e terapia comportamental; 3) o do contexto social, em que a imagem freudiana de uma sociedade e de normas sociais que reprimem as pulsões sexuais do indivíduo não soa mais como uma explicação válida para a permissividade hedonística que hoje predomina.

Apesar disso, no caso da psicanálise o funeral talvez seja prematuro, celebrado para um paciente que ainda tem uma vida longa pela frente. Em contraste com as verdades "evidentes" abraçadas pelos críticos de Freud, meu objetivo é demonstrar que só hoje o tempo da psicanálise está chegando. Vistos através dos olhos de Lacan, através do que Lacan chama de seu "retorno a Freud", os *insights* fundamentais de Freud emergem finalmente em sua verdadeira dimensão. Lacan compreendeu esse retorno como um retorno não ao que Freud disse, mas ao âmago da revolução freudiana, da qual o próprio Freud não tinha plena consciência.

Lacan iniciou seu "retorno a Freud" com a leitura linguística de todo o edifício psicanalítico, sintetizada no que é talvez sua fórmula isolada mais conhecida: "O inconsciente está estruturado como uma linguagem." A percepção predominante do inconsciente é a de que ele é o domínio das pulsões irracionais, algo oposto ao eu consciente e racional. Para Lacan, essa noção do inconsciente pertence à *Lebensphilosophie* (filosofia de vida) romântica e nada tem a ver com Freud. O inconsciente freudiano causou tamanho escândalo não por afirmar que o eu racional está subordinado ao domínio muito mais vasto dos instintos irracionais cegos, mas porque demonstrou como o próprio inconsciente obedece à sua própria gramática e lógica: o inconsciente fala e pensa. O inconsciente não é terreno exclusivo de pulsões violentas que devem ser domadas pelo eu, mas o lugar onde uma verdade traumática fala abertamente. Aí reside a versão de Lacan do moto de Freud *Wo es war, soll ich werden* (Onde isso estava, devo advir): não "O eu deveria conquistar o isso", o lugar das pulsões inconscientes, mas "Eu deveria ousar me aproximar do lugar de minha verdade". O que me espera "ali" não é uma Verdade profunda com a qual devo me identificar, mas uma verdade insuportável com a qual devo aprender a viver.

Como, então, as ideias de Lacan diferem das escolas psicanalíticas convencionais de pensamento e do próprio Freud? Com relação a outras escolas, a primeira coisa que chama a atenção é o teor filosófico da teoria de Lacan. Para ele, fundamentalmente, a psicanálise não é uma teoria e técnica de tratamento de distúrbios psíquicos, mas uma teoria e prática que põe os indivíduos diante da dimensão mais radical da existência humana. Ela não mostra a um indivíduo como ele pode se acomodar às exigências da realidade social; em vez disso, explica de que modo, antes de mais nada, algo como "realidade" se constitui. Ela não capacita simplesmente um ser humano a aceitar a verdade reprimida sobre si mesmo; ela explica como a dimensão da verdade emerge na realidade humana. Na visão de Lacan, formações patológicas como neuroses, psicoses e perversões têm a dignidade de atitudes filosóficas fundamentais em face da realidade. Quando sofro de neurose obsessiva, essa "doença" colore toda a minha relação com a realidade e define a estrutura global de minha personalidade. A principal crítica de Lacan a outras abordagens psicanalíticas diz respeito à sua orientação clínica: para Lacan, o objetivo do tratamento psicanalítico não é o bem-estar, a vida social bem-sucedida ou a realização pessoal do paciente, mas levar o paciente a enfrentar as coordenadas e os impasses essenciais de seu desejo.

Com relação a Freud, a primeira coisa que chama a atenção é que a chave usada por Lacan em seu "retorno a Freud" vem de fora do campo da psicanálise: para descerrar os tesouros secretos de Freud, Lacan arregimentou uma tribo variada de teorias, da linguística de Ferdinand de Saussure à teoria matemática dos conjuntos e às filosofias de Platão, Kant, Hegel e Heidegger, passando pela antropologia estrutural de Claude

Lévi-Strauss. Disto decorre que a maior parte dos conceitos essenciais de Lacan não tem um equivalente na própria teoria freudiana: Freud nunca menciona a tríade do imaginário, simbólico e real, nunca fala sobre "o grande Outro" como a ordem simbólica, fala de "eu", não de "sujeito". Lacan usa esses termos importados de outras disciplinas como instrumentos para fazer distinções que já estão implicitamente presentes em Freud, mesmo que ele não tivesse conhecimento delas. Por exemplo, se a psicanálise é uma "cura pela fala", se trata distúrbios patológicos somente com palavras, tem de se basear numa certa noção de fala. A tese de Lacan é que Freud não estava ciente da noção de fala implicada por sua própria teoria e prática, e que só podemos desenvolver essa noção se nos referirmos à linguística saussuriana, à teoria dos atos de fala e à dialética hegeliana do reconhecimento.

O "retorno a Freud" de Lacan forneceu um novo alicerce teórico para a psicanálise, com imensas consequências também para o tratamento analítico. Controvérsia, crise e até escândalo acompanharam Lacan ao longo de toda a sua carreira. Ele não só foi obrigado a se desvincular da Associação Internacional de Psicanálise (ver Cronologia), em 1963, como suas ideias provocativas incomodaram muitos pensadores progressistas, de marxistas críticos a feministas. Embora seja usualmente percebido na academia ocidental como um tipo de pós-modernista ou desconstrucionista, Lacan escapa dos limites indicados por esses rótulos. Ao longo de toda a sua vida ele foi superando rótulos associados a seu nome: fenomenologista, hegeliano, heideggeriano, estruturalista, pós-estruturalista; não admira, uma vez que o traço mais importante de seu ensinamento é a autocrítica permanente.

Lacan era um leitor e intérprete voraz; para ele, a própria psicanálise é um método de leitura de textos, orais (a fala do paciente) ou escritos. Não há maneira melhor de ler Lacan, então, que praticar seu modo de leitura e ler os textos de outros *com* Lacan. Assim, cada capítulo deste livro vai confrontar uma passagem de Lacan com um outro fragmento (de filosofia, de arte, de cultura popular e ideologia). A posição lacaniana será elucidada através da leitura lacaniana do outro texto. Outra característica deste livro é uma vasta exclusão: ele ignora quase por completo a teoria de Lacan acerca do que se passa no tratamento psicanalítico. Lacan foi antes de tudo um clínico, e considerações clínicas permeiam tudo o que ele escreveu e fez. Mesmo quando ele lê Platão, são Tomás de Aquino, Hegel, Kierkegaard, é sempre para elucidar um problema clínico preciso. A própria ubiquidade dessas considerações é o que nos permite excluí-las: precisamente porque o clínico está em toda parte, podemos contornar o processo e nos concentrar, em vez disso, em seus efeitos, no modo como ele colore tudo que parece não clínico – esse é o verdadeiro teste de seu lugar central.

Em vez de explicar Lacan por meio de seu contexto histórico e teórico, *Como ler Lacan* usará o próprio Lacan para explicar nossas agruras sociais e libidinais. Em vez de pronunciar um julgamento imparcial, este livro oferecerá uma leitura partidária – é parte da teoria lacaniana que toda verdade é parcial. O próprio Lacan, em sua leitura de Freud, exemplifica o poder dessa abordagem parcial. Em suas *Notas para uma definição de cultura*, T.S. Eliot observa que há momentos em que a única escolha se dá entre sectarismo e descrença, momentos críticos em que a única maneira de manter uma religião viva é levar a cabo uma dissidência sectária de seu corpo principal. Por meio dessa dissidência sectária, dissociando-se do cadáver em deterioração da Associação Internacional de Psicanálise, Lacan manteve o ensinamento freudiano vivo. Cinquenta anos depois, compete a nós fazer o mesmo com Lacan.*

---

* Uma observação final: como este livro é uma introdução a Lacan, focada em alguns de seus conceitos básicos, e como este tópico é o foco de meu trabalho nas últimas décadas, não houve meio de evitar alguma canibalização de meus livros já publicados. Para compensar, tomei grande cuidado em dar a cada uma dessas passagens emprestadas um novo desdobramento aqui.

1. Gestos vazios e performativos: Lacan se defronta com a conspiração da CIA

> Será nesses dons, ou então nas senhas que neles harmonizam seu contrassenso salutar, que começa a linguagem com a lei? Pois esses dons já são símbolos, na medida em que símbolo quer dizer pacto e em que, antes de mais nada, eles são significantes do pacto que constituem como significado: como bem se vê o fato de que os objetos da troca simbólica – vasos feitos para ficar vazios, escudos pesados demais para carregar, feixes que se ressecarão, lanças enterradas no solo – são desprovidos de uso por destinação, senão supérfluos por sua abundância.
>
> Será essa neutralização do significante a totalidade da natureza da linguagem? Tomada por esse valor, encontraríamos seu esboço nas gaivotas, por exemplo, durante a exibição sexual, materializado no peixe que elas passam umas às outras de bico em bico, e no qual os etologistas – se realmente cabe ver nisso com eles o instrumento de uma agitação do grupo que seria equivalente a uma festa – estariam perfeitamente justificados em reconhecer um símbolo.[5]

As novelas mexicanas são gravadas num ritmo tão frenético (um episódio de 25 minutos por dia, todos os dias) que os atores sequer recebem o texto para aprender suas falas de antemão; usam minúsculos receptores em seus ouvidos que lhes dizem o que fazer e aprendem a representar o que ouvem ("Agora lhe dê um tapa e diga que o odeia! Depois o abrace! ...").

Esse procedimento nos dá uma imagem do que, segundo a percepção comum, Lacan quer dizer com "o grande Outro". A ordem simbólica, a constituição não escrita da sociedade, é a segunda natureza de todo ser falante: ela está aqui, dirigindo e controlando os meus atos; é o mar em que nado, mas permanece essencialmente impenetrável – nunca posso pô-la diante de mim e segurá-la. É como se nós, sujeitos de linguagem, falássemos e interagíssemos como fantoches, nossa fala e gestos ditados por algo sem nome que tudo impregna. Será isso o mesmo que dizer que, para Lacan, nós, indivíduos humanos, somos meros epifenômenos, sombras sem nenhum poder real próprio? Que nossa autopercepção como agentes livres autônomos é uma espécie de "ilusão do usuário" cegando-nos para o fato de que estamos nas mãos do grande Outro que se oculta por trás da tela e puxa os cordões?

Há, no entanto, muitas características do grande Outro que se perdem nessa noção simplificada. Para Lacan, a realidade dos seres humanos é constituída por três níveis entrelaçados: o simbólico, o imaginário e o real. Essa tríade pode ser precisamente ilustrada pelo jogo do xadrez. As regras que temos de seguir para jogar são sua dimensão simbólica: do ponto de vista simbólico puramente formal, "cavalo" é definido apenas pelos movimentos que essa figura pode fazer. Esse nível é claramente diferente do imaginário, a saber, o modo como as diferentes peças são moldadas e caracterizadas por seus nomes (rei, rainha, cavalo), e é fácil imaginar um jogo com as mesmas regras, mas com um imaginário diferente, em que esta figura seria chamada de "mensageiro", ou "corredor", ou de qualquer outro nome. Por fim, o real é toda a série complexa de circunstâncias contingentes que afetam o curso do jogo: a inteligência dos jogadores, os acontecimentos imprevisíveis que podem confundir um jogador ou encerrar imediatamente o jogo.

O grande Outro opera num nível simbólico. De que, então, se compõe a ordem simbólica? Quando falamos (ou quando ouvimos), nunca interagimos simplesmente com outros; nossa atividade de fala é fundada em nossa aceitação e dependência de uma complexa rede de regras e outros tipos de pressupostos. Primeiro há as regras da gramática, que tenho de dominar de maneira cega e espontânea: se eu tivesse de ter essas regras em mente o tempo todo, minha fala se desarticularia. Depois há o pano de fundo de participar do mesmo mundo/vida que permite que eu e meu parceiro na conversação compreendamos um ao outro. As regras que eu sigo estão marcadas por uma profunda divisão: há regras (e significados) que sigo cegamente, por hábito, mas das quais, se reflito, posso me tornar ao menos parcialmente consciente (como as regras gramaticais comuns); e há regras que ignoro que sigo, significados que ignoro que me perseguem (como proibições inconscientes). E há regras e significados cujo conhecimento não devo revelar que tenho – insinuações sujas ou obscenas que silenciamos para manter o decoro.

O espaço simbólico funciona como um padrão de comparação contra o qual posso me medir. É por isso que o grande Outro pode ser personificado ou reificado como um agente único: o "Deus" que vela por mim do além, e sobre todos os indivíduos reais, ou a Causa que me envolve (Liberdade, Comunismo, Nação) e pela qual estou pronto a dar minha vida. Enquanto falo, nunca sou meramente um "pequeno outro" (indivíduo) interagindo com outros "pequenos outros": o grande Outro deve sempre estar lá. Essa referência inerente ao Outro é o tópico de uma piada infame sobre um pobre camponês que, tendo sofrido um naufrágio, vê-se abandonado numa ilha com, digamos, a Cindy Crawford. Depois de fazer sexo com ele, ela lhe pergunta como foi; sua resposta é "Foi ótimo", mas ele ainda tem um favorzinho a pedir para completar sua satisfação: poderia ela se vestir como seu melhor amigo, usar calças e pintar um bigode no rosto? Ele lhe garante não ser um pervertido enrustido, como ela verá assim que lhe fizer o favor. Quando ela o faz, ele se aproxima dela, dá-lhe um tapinha nas costas e lhe diz com o olhar malicioso da cumplicidade masculina: "Sabe o que me aconteceu? Acabo de transar com a Cindy Crawford!" Esse Terceiro, que está sempre presente como a testemunha, nega a possibilidade de um prazer privado inocente e intacto. O sexo é sempre minimamente exibicionista e depende do olhar de outrem.

Apesar de todo o seu poder fundador, o grande Outro é frágil, insubstancial, propriamente *virtual*, no sentido de que seu status é o de um pressuposto subjetivo. Ele só existe na medida em que sujeitos *agem como se ele existisse*. Seu status é semelhante ao de uma causa ideológica como Comunismo ou Nação: ele é a substância dos indivíduos que se reconhecem nele, o fundamento de toda a sua existência, o ponto de referência que fornece o horizonte supremo de significado, algo pelo qual esses indivíduos estão prontos a dar suas vidas; no entanto, a única coisa que realmente existe são esses indivíduos e suas atividades, de modo que essa substância é real apenas na medida em que indivíduos acreditam nela e agem de acordo com isso. É por causa do caráter virtual do grande Outro que, como Lacan bem expressou no final do seu "Seminário sobre 'A carta roubada'", uma carta sempre chega ao seu destino. Podemos dizer até que a única carta que chega completa e efetivamente ao seu destino é a carta não enviada – seu verdadeiro destinatário não são outros de carne e osso, mas o próprio grande Outro.

> A conservação da carta não enviada é sua característica impressionante. Nem a escrita nem o envio são notáveis (com frequência fazemos rascunhos de cartas e os jogamos fora), mas sim o gesto de guardar a mensagem quando não temos nenhuma intenção de enviá-la. Ao guardar a carta, nós a estamos enviando de algum modo, afinal. Não estamos abandonando nossa ideia ou rejeitando-a como tola ou desprezível (como fazemos ao rasgar uma carta); ao contrário, estamos lhe dando um voto de confiança extra. Estamos, na verdade, dizendo que nossa ideia é preciosa demais para ser confiada ao olhar do destinatário real, que pode não compreender seu valor, de modo que a "enviamos" a seu equivalente na fantasia, em quem podemos confiar completamente para uma leitura compreensiva e apreciativa.[6]

Não se passa exatamente o mesmo com o sintoma no sentido freudiano do termo? Segundo Freud, quando desenvolvo um sintoma, produzo uma mensagem codificada sobre meus segredos mais íntimos, meus desejos e traumas inconscientes. O destinatário do sintoma não é um outro ser humano real: antes que um analista decifre meu sintoma, não há ninguém que possa ler sua mensagem. Então quem é o destinatário do sintoma? O único candidato que resta é o grande Outro virtual. Esse caráter virtual do grande Outro significa que a ordem simbólica não é uma espécie de substância espiritual que exista independentemente de indivíduos, mas algo que é sustentado pela contínua atividade deles. No entanto, a origem do grande

Outro ainda está obscura. Como é que, quando indivíduos trocam símbolos, eles não interagem simplesmente um com o outro, mas sempre se referem também ao grande Outro virtual? Quando falo sobre a opinião de outras pessoas, nunca é somente uma questão do que eu, você ou outros indivíduos pensam, mas também do que um "alguém" impessoal pensa. Quando violo uma regra de decência, nunca faço apenas o que a maioria dos outros não faz – faço o que não "se" faz.

Isto nos leva à densa passagem com que abrimos este capítulo: nela, Lacan propõe nada menos que uma narrativa da gênese do grande Outro. Para Lacan, a linguagem é um presente tão perigoso para a humanidade quanto o cavalo foi para os troianos: ela se oferece para nosso uso gratuitamente, mas, depois que a aceitamos, ela nos coloniza. A ordem simbólica emerge de um presente, uma oferenda, que marca seu conteúdo como neutro para fazer-se passar por um presente: quando um presente é oferecido, o que importa não é seu conteúdo, mas o vínculo entre o que presenteia e o que recebe estabelecido quando o que recebe aceita o presente. Lacan chega mesmo a se envolver aqui num pouco de especulação sobre etologia animal: as andorinhas-do-mar que apanham um peixe e o passam de bico em bico (como se para deixar claro que o vínculo estabelecido dessa maneira é mais importante do que quem vai finalmente ficar com o peixe e comê-lo) envolvem-se efetivamente numa espécie de comunicação simbólica.

Todos os que amam sabem disto: para que um presente simbolize meu amor, deve ser inútil, supérfluo em sua própria abundância – somente assim, com seu valor de uso suspenso, ele pode simbolizar meu amor. A comunicação humana é caracterizada por uma reflexividade irredutível: cada ato de comunicação simboliza simultaneamente o fato da comunicação. Roman Jakobson chamou esse mistério fundamental da ordem simbólica propriamente humana de "comunicação fática": a fala humana nunca transmite meramente uma mensagem; ela sempre afirma também, autorreflexivamente, o pacto simbólico básico entre os sujeitos comunicantes.

O nível mais elementar de troca simbólica é o chamado "gesto vazio", um oferecimento feito para ser rejeitado ou destinado a sê-lo. Brecht deu uma expressão pungente a essa característica em sua peça *Jasager*, em que um menino é solicitado a concordar livremente com o que de todo modo será o seu destino (ser jogado no vale); como explica seu professor, é costume perguntar à vítima se ela concorda com sua sorte, mas também é costume que a vítima diga sim. O pertencimento a uma sociedade envolve um ponto paradoxal em que cada um de nós é obrigado a abraçar livremente, como resultado de nossa escolha, o que de todo modo nos é imposto (todos nós *devemos* amar nosso país, nossos pais, nossa religião). Esse paradoxo de querer (escolher livremente) o que é compulsório, de fingir (mantendo as aparências) que há uma livre escolha embora efetivamente não haja, é estritamente codependente com a noção de um gesto simbólico vazio, um gesto – um oferecimento – que se destina a ser rejeitado.

Algo similar ocorre em nossos códigos cotidianos de comportamento. Quando, após ser envolvido numa competição feroz com meu maior amigo por uma promoção no emprego, acabo ganhando, a coisa adequada a fazer é oferecer-me para abrir mão da promoção, de modo que ele a obtenha, e a coisa adequada para ele fazer é rejeitar meu oferecimento – desse modo, talvez, nossa amizade possa ser salva. O que temos aqui é troca simbólica em sua forma mais pura: um gesto feito apenas para ser rejeitado. A mágica da troca simbólica é que, embora no fim estejamos onde estávamos no início, há um ganho nítido para ambas as partes em seu pacto de solidariedade. O problema, é claro, surge: e se a pessoa a quem se faz o oferecimento para ser rejeitado realmente o aceitar? E se, tendo perdido a competição, eu aceitar o oferecimento de meu amigo para no fim obter a promoção, em vez dele? Uma situação como essa é propriamente catastrófica: ela causa a desintegração da aparência (de liberdade) que pertence à ordem social, o que é igual à desintegração da própria substância social, à dissolução do vínculo social.

A noção do vínculo social estabelecido por meio de gestos vazios nos permite definir de maneira precisa a figura do *sociopata*: o que está além da compreensão do sociopata é o fato de que "muitos atos humanos são praticados ... no interesse da própria interação".[7] Em outras palavras, o uso da linguagem pelo sociopata corresponde paradoxalmente à noção corrente e sensata de linguagem como um meio puramente instrumental de comunicação, como sinais que transmitem significados. Ele *usa* a linguagem, não é envolvido nela, e é insensível à dimensão performativa. Isto determina a atitude de um sociopata em relação à moralidade: embora ele seja capaz de discernir as regras morais que regulam a interação social, e até de agir moralmente na medida em que verifica que isso serve aos seus objetivos, falta-lhe o senso visceral do certo e do errado, a noção de que simplesmente não podemos fazer algumas coisas, independentemente das regras sociais externas. Em suma, um sociopata pratica verdadeiramente a noção de moralidade desenvolvida pelo utilitarismo, segundo a qual moralidade designa um comportamento que adotamos ao calcular inteligentemente nossos interesses (ao fim e ao cabo, todos nós nos beneficiamos se tentarmos contribuir para o prazer do maior número possível de pessoas): para ele, moralidade é uma teoria que aprendemos e seguimos, não algo com que nos identificamos substancialmente. Fazer o mal é um erro de cálculo, não um ato culpável.

Por causa dessa dimensão performativa, cada escolha com que nos defrontamos na linguagem é uma metaescolha, isto é, uma escolha da própria escolha, uma escolha que afeta e muda as próprias coordenadas de meu escolher. Lembremos a situação cotidiana em que meu parceiro (sexual, político ou financeiro) quer que façamos um trato; o que ele me diz basicamente é: "Por favor, eu realmente o amo. Se ficarmos juntos nesta, serei totalmente dedicado a você! Mas cuidado! Se você me rejeitar, posso perder o controle e desgraçar a sua vida!" O ardil aqui, é claro, é que não sou simplesmente confrontado com uma escolha clara: a segunda parte desta mensagem solapa a primeira – alguém que está pronto para me prejudicar se eu o contrariar não pode realmente me amar e estar devotado à minha felicidade, como afirma. Portanto, a verdadeira escolha com que me defronto contradiz seus termos: ódio, ou pelo menos uma fria indiferença manipuladora em relação a mim, está subjacente a ambos os termos da escolha. Há também uma hipocrisia simétrica, que consiste em dizer: "Eu o amo e aceito qualquer escolha que faça; assim, mesmo que (você sabe disso) sua escolha me arruíne, por favor escolha o que realmente quer, e não leve em conta como isso vai me afetar!" A falsidade manipuladora deste oferecimento, é claro, reside no modo como usa sua "sincera" insistência de que eu posso dizer "não" como uma pressão adicional sobre mim para que eu diga "sim": "Como pode me recusar, quando o amo tão completamente?"

Podemos ver como, longe de conceber o simbólico que rege a percepção e a interação humana como uma espécie de *a priori* transcendental (uma rede formal, dada de antemão, que limita o âmbito da prática humana), Lacan está interessado precisamente em como os gestos de simbolização estão entrelaçados com o processo de prática coletiva e engastados nele. O que Lacan elabora como o "momento duplo" da função simbólica vai muito mais longe que a teoria corrente da dimensão performativa da fala tal como desenvolvida na tradição de J.L. Austin a John Searle:

> A função simbólica apresenta-se como um duplo movimento no sujeito: o homem faz de sua ação um objeto, mas para a ela devolver em tempo hábil seu lugar fundador. Nesse equívoco que opera a todo instante, reside todo o progresso de uma função em que se alternam a ação e o conhecimento.[8]

O exemplo histórico evocado por Lacan para clarificar esse "movimento duplo" é indicativo em suas referências ocultas:

> ... primeiro tempo, o homem que trabalha na produção em nossa sociedade inclui-se na categoria dos proletários; segundo tempo, em nome desse vínculo, ele faz greve geral.[9]

A referência (implícita) de Lacan aqui é a *História e consciência de classe*, de Georg Lukács, obra marxista clássica de 1923 cuja tradução francesa amplamente aclamada foi publicada em meados dos anos 50. Para Lukács, a consciência opõe-se ao mero conhecimento de um objeto: o conhecimento é externo ao objeto conhecido, ao passo que a consciência é "prática" em si mesma, um ato que muda seu próprio objeto. (Depois que um trabalhador "inclui-se na categoria dos proletários", isso muda sua própria realidade: ele age de maneira diferente.) Fazemos alguma coisa, consideramo-nos (declaramo-nos) aquele que fez aquilo, e, com base nessa declaração, fazemos algo novo: a transformação subjetiva ocorre no momento da declaração, não no momento do ato. Esse momento reflexivo de declaração significa que toda declaração não só transmite algum conteúdo, mas, simultaneamente, *transmite o modo como o sujeito se relaciona com esse conteúdo.* Mesmo os objetos e atividades mais prosaicos sempre contêm essa dimensão declarativa, que constitui a ideologia da vida cotidiana. Nunca deveríamos esquecer que a utilidade funciona como uma noção reflexiva: sempre envolve a afirmação de utilidade como significado. Um homem que mora numa cidade grande e possui um Land-Rover (para o qual obviamente não tem uso) não leva simplesmente uma vida despojada, prática; na verdade, ele possui um carro como esse para *indicar* que leva sua vida sob o signo de uma atitude despojada, prática. Usar jeans desbotados é *indicar* uma certa atitude em relação à vida.

O mestre supremo desse tipo de análise foi Claude Lévi-Strauss, para quem a comida era também um "alimento para a reflexão". Os três principais modos de preparação de alimentos (cru, assado, cozido) funcionam como um triângulo semiótico: nós os usamos para simbolizar a oposição básica entre a natureza ("cru") e a cultura ("assado"), bem como a mediação entre os dois opostos (no procedimento do cozimento). Há uma cena memorável em *O fantasma da liberdade*, de Buñuel, em que as relações entre comer e evacuar são invertidas: as pessoas se sentam em suas privadas em volta da mesa, conversando agradavelmente, e quando querem comer perguntam baixinho à empregada: "Onde é aquele lugar... sabe?" e se dirigem sorrateiramente a um quartinho nos fundos. Como um suplemento a Lévi-Strauss, somos tentados a propor que merda também pode servir como "alimento para a reflexão": os três tipos básicos de privada no Ocidente formam uma espécie de contraponto excremental para o triângulo culinário de Lévi-Strauss. Numa privada alemã tradicional, o buraco por onde a merda desaparece depois que damos descarga fica muito para frente, de modo que ela primeiro fica exposta para que possamos cheirá-la e examiná-la à procura de sinais de alguma doença; na privada francesa típica, o buraco fica bem atrás, de modo que a merda desaparece assim que possível; por fim, a privada americana apresenta uma espécie de síntese, uma mediação entre esses dois polos opostos – a bacia da privada é cheia de água, de modo que a merda flutua ali, visível, mas não para ser inspecionada. Não admira que, na famosa discussão sobre diferentes privadas europeias no início de seu semiesquecido *Medo de voar*, Erica Jong afirme zombeteiramente que "as privadas alemãs são realmente a chave para horrores do Terceiro Reich. Pessoas que constroem privadas assim são capazes de qualquer coisa." É claro que nenhuma dessas versões pode ser explicada em termos puramente utilitários: certa percepção ideológica de como o sujeito deveria se relacionar com o desagradável excremento que sai de dentro de seu corpo é claramente discernível nelas.

Hegel foi um dos primeiros a interpretar a tríade geográfica de Alemanha-França-Inglaterra como expressão de três diferentes atitudes existenciais: a meticulosidade reflexiva alemã, a impetuosidade revolucionária francesa, o pragmatismo utilitário moderado inglês. Em termos de postura política, essa tríade pode ser interpretada como conservadorismo alemão, radicalismo revolucionário francês e liberalismo moderado inglês; em termos da predominância de uma das esferas da vida social, a metafísica e a poesia alemãs *versus* a política francesa e a economia inglesa. A referência às privadas nos permite discernir a mesma tríade no domínio intimíssimo de efetuar a função excrementícia: fascinação contemplativa ambígua; a tentativa apressada de se livrar do excesso desagradável o mais rápido possível; a abordagem pragmática que trata o excesso como um objeto comum que deve ser descartado de maneira apropriada. É fácil para um acadêmico afirmar numa mesa-redonda que vivemos num universo pós-ideológico – assim que ele visitar o toalete após a acalorada discussão, estará de novo afundado até os joelhos na ideologia.

Essa dimensão declarativa da interação simbólica pode ser exemplificada por meio de uma situação delicada nas relações humanas. Imagine um casal com um acordo tácito de que podem se envolver em casos extraconjugais discretos. Se, de repente, o marido fala abertamente com sua mulher sobre um caso em curso, ela terá motivo para entrar em pânico: "Se é apenas um caso, por que ele está me contando isso? Deve ser algo mais!" O ato de relatar algo publicamente nunca é neutro: ele afeta o próprio conteúdo relatado, e mesmo que os parceiros não aprendam nada de novo por meio dele, ele muda tudo. Há também uma grande diferença entre o parceiro simplesmente não falar sobre aventuras secretas e *declarar explicitamente que não falará sobre elas* ("Você sabe, acho que tenho o direito de não lhe contar sobre todos os meus contatos; há uma parte da minha vida que não lhe diz respeito!"). No segundo caso, quando o pacto silencioso é explicitado, essa declaração não pode deixar de emitir ela própria uma mensagem agressiva adicional.

O que está em pauta aqui é o hiato irredutível entre o conteúdo enunciado e o ato de enunciação que é próprio da fala humana. Na academia, uma maneira polida de dizer que achamos a intervenção ou a palestra de nosso colega estúpida é dizer: "Foi interessante." Assim, se em vez disso dizemos abertamente ao nosso colega: "Isso foi entediante e estúpido", ele terá todo o direito de se sentir surpreso e perguntar: "Mas se você achou entediante e estúpido, por que não diz simplesmente que foi interessante?" O infeliz colega está certo ao tomar a afirmação direta como envolvendo algo mais, e não só como um comentário sobre a qualidade de seu artigo, mas um ataque à sua própria pessoa.

Exatamente a mesma coisa não valeria para a franca admissão de tortura por altos representantes administrativos dos Estados Unidos? A resposta comum e aparentemente convincente àqueles que se preocupam com a recente prática dos Estados Unidos de torturar prisioneiros suspeitos de terrorismo é: "Por que todo esse estardalhaço? Os Estados Unidos estão apenas admitindo abertamente o que não só eles, mas também outros Estados, fazem e vêm fazendo o tempo todo. No mínimo, temos menos hipocrisia agora!" Mas isso sugere uma contrapergunta simples: "Se os altos representantes dos Estados Unidos querem dizer apenas isso, por que falam agora? Por que não permanecem simplesmente em silêncio, como vinham fazendo antes?" Quando ouvimos pessoas como Dick Cheney fazendo afirmações obscenas sobre a necessidade da tortura, deveríamos lhes perguntar: "Se vocês querem apenas torturar suspeitos de terrorismo em segredo, por que estão dizendo isso publicamente?" Quer dizer, a pergunta a ser suscitada é: o que mais há nessa declaração, a ponto de levá-los a fazê-la?

O mesmo se aplica à versão negativa de uma declaração: não menos que o ato supérfluo de mencionar, o ato de *não* mencionar ou ocultar alguma coisa pode criar significado adicional. Quando, em fevereiro de 2003, Colin Powell discursou na assembleia da ONU para defender o ataque ao Iraque, a delegação dos Estados Unidos pediu que a grande reprodução de *Guernica* de Picasso na parede atrás da tribuna fosse coberta com um ornamento visual diferente. Embora a explicação oficial fosse que *Guernica* não fornecia o pano de fundo visual adequado para a transmissão televisiva do discurso de Powell, ficou claro para todos o que a delegação dos Estados Unidos temia: que *Guernica*, que imortaliza os resultados catastróficos do bombardeio aéreo alemão à cidade espanhola durante a guerra civil, desse origem a "associações do tipo errado" se servisse como pano de fundo para o discurso de Powell defendendo o bombardeio do Iraque pela força aérea muito superior dos Estados Unidos. É isso que Lacan quer dizer quando afirma que o recalque e o retorno do recalcado são um único e mesmo processo: se a delegação dos Estados Unidos tivesse se abstido de pedir seu ocultamento, provavelmente ninguém associaria o discurso de Powell à pintura exibida atrás dele. Foi precisamente esse gesto que chamou atenção para a associação e confirmou sua veracidade.

Lembremos a figura singular de James Jesus Angleton, o supremo combatente da Guerra Fria. Durante quase duas décadas, até 1974, ele chefiou a seção de contrainformação da

CIA, com a tarefa de descobrir agentes duplos em suas fileiras. Angleton, uma figura carismática, extremamente idiossincrático, culto e instruído (foi amigo pessoal de T.S. Eliot, com quem até se parecia fisicamente), era propenso à paranoia. A premissa de seu trabalho era sua crença absoluta na chamada Conspiração-Monstro: uma gigantesca farsa coordenada por uma "organização [secreta] dentro da organização" da KGB, cujo objetivo era penetrar e dominar totalmente a rede ocidental de informação e assim promover a derrota do Ocidente. Por essa razão, Angleton rejeitou como falsos desertores praticamente todos os desertores da KGB que ofereciam informação inestimável, e algumas vezes chegou até a mandá-los de volta para a URSS (onde eram levados a julgamento e fuzilados, já que eram verdadeiros desertores). O resultado final do reinado de Angleton foi a total paralisia – muito significativamente, em seu tempo, nenhum verdadeiro agente duplo foi descoberto e detido. Não admira que Clare Petty, um dos funcionários mais graduados da seção de Angleton, tenha levado a paranoia de seu chefe a seu clímax lógico autonegador ao concluir, após uma longa e exaustiva investigação, que Anatoli Golitsyn (o desertor russo com quem Angleton se envolveu numa verdadeira *folie à deux*, loucura compartilhada) era uma fraude e o próprio Angleton, o grande agente duplo que conseguira paralisar o serviço secreto antissoviético dos Estados Unidos.

Somos tentados a levantar a questão: e se Angleton fosse um agente duplo justificando sua atividade pela procura de um agente duplo (de si mesmo, na versão da vida real da trama de *Sem saída* de Kevin Costner)? E se a verdadeira Conspiração-Monstro da KGB fosse o próprio projeto de pôr em jogo a ideia de uma Conspiração-Monstro e assim imobilizar a CIA e neutralizar de antemão quaisquer futuros desertores da KGB? Em ambos os casos, a fraude final assumia a aparência da própria verdade: havia uma Conspiração-Monstro (era a própria ideia da Conspiração-Monstro); havia um agente duplo no coração da CIA (o próprio Angleton). Aí reside a verdade da postura paranoica: ela própria é a trama destrutiva contra a qual está lutando. A sagacidade dessa solução – e a condenação final da paranoia de Angleton – é que não importa se Angleton era apenas sinceramente logrado pela ideia de uma Conspiração-Monstro, ou se era o agente duplo: em ambos os casos, o resultado é exatamente o mesmo. O logro esteve em nossa incapacidade de incluir na lista de suspeitos a própria ideia de desconfiança (globalizada).

Lembremos a velha história de um operário suspeito de furto: toda noite, quando ele deixava a fábrica, o carrinho de mão que ele empurrava à frente de si era cuidadosamente inspecionado, mas os guardas não conseguiam encontrar nada ali, estava sempre vazio. Até que eles se deram conta: o que o operário estava roubando eram carrinhos de mão. Essa peculiaridade reflexiva pertence à comunicação como tal: não devemos esquecer de incluir no conteúdo de um ato de comunicação o próprio ato, já que o significado de cada ato de comunicação é também afirmar reflexivamente que ele é um ato de comunicação. Esta é a primeira coisa a se ter em mente com relação ao modo como o inconsciente opera: a coisa não está escondida no carrinho de mão, ela é o próprio carrinho de mão.

2. O sujeito interpassivo: Lacan gira uma roda de orações

> O Coro, o que é? Dir-lhes-ão – *São vocês*. Ou então – *Não são vocês*. A questão não é essa. Trata-se de meios, meios emocionais. Eu diria – O Coro são pessoas que se emocionam.
>
> Portanto, observem-no duas vezes antes de dizerem que são as emoções de vocês que estão em jogo nessa purificação. Elas estão em jogo quando, no final, não apenas elas, mas muitas outras devem ser, por meio de algum artifício, apaziguadas. Mas nem por isso elas são colocadas diretamente em jogo. Sem dúvida alguma elas estão em jogo, e vocês ali se encontram em estado de matéria disponível – mas, por outro lado, de matéria totalmente indiferente. Quando vocês vão ao teatro à noite, vocês pensam em seus pequenos afazeres, na caneta que perderam durante o dia, no cheque que terão de assinar no dia seguinte – portanto, não confiemos tanto em vocês. Toma-se conta da emoção de vocês numa saudável disposição da cena. O Coro se encarrega disso. O comentário emocional é realizado. Essa é a maior chance de sobrevivência da tragédia antiga – ele é realizado.[10]

EMBORA A CENA DESCRITA AQUI POR LACAN seja muito comum – pessoas no teatro apreciando a representação de uma tragédia grega –, sua interpretação dela deixa claro que algo de estranho está se passando: é como se alguma figura do outro – neste caso, o Coro – pudesse tomar o nosso lugar e experimentar por nós os sentimentos e atitudes mais íntimos e mais espontâneos, inclusive chorar e rir. Em algumas sociedades, o mesmo papel é desempenhado pelas chamadas carpideiras (mulheres contratadas para chorar nos funerais): elas representam o espetáculo do luto para os parentes do morto, que podem dedicar seu tempo a esforços mais lucrativos (como dividir a herança). Algo semelhante acontece com a roda de orações do Tibete: eu prendo na roda um pedaço de papel em que a prece está escrita, giro-a mecanicamente (ou, mais prático ainda, deixo que o vento ou a água a girem), e a roda está rezando por mim – como diriam os stalinistas, "objetivamente" eu estou rezando, mesmo que meus pensamentos estejam ocupados com as mais obscenas fantasias sexuais. Para desfazer a ilusão de que essas coisas só podem acontecer em sociedades "primitivas", pense na risada enlatada em programas de TV, em que a reação de riso a uma cena cômica é incluída na própria trilha sonora. Ainda que eu não ria, mas simplesmente contemple a tela, cansado após um dia de trabalho, sinto-me mesmo assim aliviado depois do programa, como se a trilha sonora tivesse rido por mim.

Para compreender corretamente esse estranho processo, deveríamos suplementar a noção tão em moda de interatividade com seu estranho duplo, a *interpassividade*.[11] É lugar-comum enfatizar como, com os novos meios eletrônicos, o consumo passivo de um texto ou obra de arte está ultrapassado: não mais apenas contemplo a tela, interajo com ela cada vez mais, entrando numa relação dialógica com ela (escolhendo os programas, participando de debates numa comunidade virtual, ou mesmo determinando diretamente o desfecho da trama nas chamadas "narrativas interativas"). Os que louvam o potencial democrático dos novos meios geralmente se concentram precisamente nessas características: em como o ciberespaço dá à grande maioria das pessoas a oportunidade de escapar do papel do observador passivo que acompanha um espetáculo encenado por outros, e de participar ativamente não só do espetáculo, mas, cada vez mais, do estabelecimento das regras do espetáculo.

O outro lado dessa interatividade é a interpassividade. A contraparte da interação com o objeto (em vez do acompanhamento passivo do espetáculo) é a situação em que o próprio objeto tira de mim minha passividade, priva-me dela, de tal modo que é o objeto que aprecia o espetáculo em vez de mim, poupando-me da obrigação de me divertir. Quase todo aficcionado do videocassete, que grava filmes compulsivamente (eu, inclusive), está perfeitamente ciente de que o efeito imediato de possuir um aparelho de videocassete é que passamos a assistir a *menos* filmes que nos velhos tempos de um simples aparelho de TV. Nunca temos tempo para a TV, então, em vez de perder uma noite preciosa, simplesmente gravamos o filme e o guardamos para ver no futuro (para o que, é claro, quase nunca há tempo). Embora eu não os assista realmente, o mero fato de saber que os filmes que aprecio estão guardados em minha videoteca me dá uma profunda satisfação, e ocasionalmente me permite apenas relaxar e me entregar à requintada arte do *far niente* – como se o videocassete estivesse de alguma forma *assistindo a eles por mim, em meu lugar.* O videocassete representa aqui o grande Outro, o meio de registro simbólico. Parece que, hoje, até a pornografia funciona cada vez mais de uma modo interpassivo: filmes pornográficos não são mais fundamentalmente o meio para excitar o usuário para sua atividade masturbatória solitária – contemplar a tela em que "a ação ocorre" é suficiente, basta-me observar como outros gozam em meu lugar.

Um outro exemplo de interpassividade: todos nós conhecemos a cena embaraçosa em que uma pessoa conta uma piada de mau gosto e depois, quando ninguém ri, cai ela mesma na gargalhada, repetindo "É muito engraçado!" ou alguma observação do gênero – isto é, encena ela mesma a reação esperada dos ouvintes. A situação aqui é similar, embora diferente, àquela da risada enlatada: o agente que ri em nosso lugar (i.e., através do qual nós, o público entediado e constrangido, rimos apesar de tudo) não é o grande Outro anônimo do público artificial, mas a própria pessoa que conta a piada. Sua risada compulsiva é semelhante aos sons como "Ooops!" que nos sentimos obrigados a pronunciar quando tropeçamos ou fazemos alguma coisa estúpida. O mistério deste último caso é que é possível que uma outra pessoa que apenas testemunha nossa mancada diga "Ooops!" *por nós*, e isso funciona. A função do "Ooops!" é efetuar o registro simbólico do lapso estúpido: o grande Outro virtual deve ser informado sobre ele. Lembremos a típica situação difícil em que todas as pessoas num grupo fechado sabem de algum detalhe sórdido (e sabem também que todas as outras sabem), mas quando uma delas inadvertidamente deixa escapar esse detalhe todas se sentem constrangidas apesar de tudo – por quê? Se ninguém ficou sabendo de nada que seja novo, por que todas se sentem constrangidas? Porque não podem mais *fingir* que não sabem disso (agir como se não soubessem) – em outras palavras, porque agora *o grande Outro sabe*. Aí reside a lição de "A roupa nova do imperador", de Hans Christian Andersen: nunca deveríamos subestimar o poder das aparências. Por vezes, quando perturbamos inadvertidamente as aparências, a própria coisa que está por trás delas também se despedaça.

A interpassividade é o oposto da noção de Hegel de *List der Vernunft* (astúcia da Razão), em que *sou ativo através do Outro*: posso permanecer passivo, sentado confortavelmente em segundo plano, enquanto o Outro age por mim. Em vez de bater no metal com um martelo, a máquina pode fazer isso por mim; em vez de girar eu mesmo a roda do moinho, a água pode fazer isso: atinjo meu objetivo interpondo entre mim e o objeto sobre o qual trabalho um outro objeto natural. O mesmo pode acontecer no nível interpessoal: em vez de atacar diretamente meu inimigo, instigo uma luta entre ele e outra pessoa, de modo a poder observar confortavelmente os dois se destruindo. (É assim, para Hegel, que a Ideia absoluta reina ao longo da história. Ela permanece fora do conflito, deixando que as paixões humanas façam o trabalho por ela em suas lutas mútuas. A necessidade histórica da passagem da República para o Império na Roma Antiga realizou-se usando como seu instrumento as paixões e ambições de Júlio César.) No caso da interpassividade, ao contrário, *sou passivo através do Outro*. Concedo ao Outro o aspecto passivo (gozar) de minha experiência, enquanto posso continuar ativamente empenhado (posso continuar a trabalhar à noite, enquanto o videocassete goza passivamente por mim; posso tomar providências financeiras relativas à fortuna do falecido enquanto as carpideiras pranteiam por mim). Isso nos leva à noção de *falsa atividade*: as pessoas não agem somente para mudar alguma coisa, elas podem também agir para impedir que alguma coisa aconteça, de modo que nada venha a mudar. Aí reside a estratégia típica do neurótico obsessivo: ele é freneticamente ativo para evitar que a coisa real aconteça. Por exemplo, numa situação de grupo em que alguma tensão ameaça explodir, o obsessivo fala o tempo todo para impedir o momento embaraçoso de silêncio que compeliria os participantes a enfrentar abertamente a tensão subjacente. No tratamento psicanalítico, neuróticos obsessivos falam constantemente, inundando o analista com anedotas, sonhos, *insights*: sua atividade incessante é sustentada pelo temor subjacente de que, se pararem de falar por um instante, o analista vá lhes fazer a pergunta que realmente importa – em outras palavras, eles falam para manter o analista imóvel.

Mesmo em grande parte da política progressista de hoje, o perigo não é passividade, mas pseudoatividade, a ânsia de ser ativo e participar. As pessoas intervêm o tempo todo, tentando "fazer alguma coisa", acadêmicos participam de debates sem sentido; a coisa realmente difícil é dar um passo atrás e retirar-se daquilo. Os que estão no poder muitas vezes preferem até uma participação crítica em vez do silêncio – só para nos envolver num diálogo, para se assegurar de que nossa passividade ameaçadora seja rompida. Contra esse modo interpassivo, em que somos ativos o tempo todo para assegurar que nada mudará realmente, o primeiro passo verdadeiramente decisivo é *retirar-se para a passividade* e recusar-se a participar. Esse primeiro passo limpa o terreno para uma atividade verdadeira, para um ato que mudará efetivamente as coordenadas da cena.

Algo análogo a essa falsa atividade é encontrado na noção protestante de predestinação. O paradoxo da predestinação é que a teologia que afirma que nosso destino está determinado de antemão e nossa redenção não depende de nossos atos serviu como a legitimação do capitalismo, o sistema social que desencadeou a atividade produtiva mais frenética na história da humanidade. O próprio fato de as coisas serem decididas de antemão – de nossa atitude diante do Destino ser a de uma vítima passiva – instiga-nos a nos empenhar em incessante e frenética atividade. Agimos o tempo todo para sustentar a imobilidade do grande Outro (neste caso: Deus).

Um deslocamento como esse de nossos sentimentos e atitudes mais íntimos para alguma figura do Outro está no próprio âmago da noção lacaniana do grande Outro; ele pode afetar não apenas sentimentos, mas também crenças e conhecimento – o Outro pode também acreditar e saber por mim. Para designar esse deslocamento do conhecimento do sujeito para outrem, Lacan cunhou a noção do *sujeito suposto saber*. Na série de TV *Columbo*, o crime – o ato homicida – é mostrado em detalhe de antemão, de modo que o enigma a ser decifrado não é o "quem foi culpado", mas como o detetive estabelecerá a ligação entre a superfície enganosa (o "conteúdo manifesto" da cena do crime, para usar uma expressão da teoria dos sonhos de Freud) e a verdade sobre o crime (seu "pensamento latente"): como ele provará para o acusado a sua culpa. O sucesso de *Columbo* atesta o fato de que a verdadeira fonte de interesse no trabalho do detetive é o próprio processo de decifração, não seu resultado.

Mais decisivo ainda que essa característica é o fato de que não só nós, os espectadores, sabemos de antemão quem foi o culpado (já que o vemos diretamente), mas, inexplicavelmente, o próprio detetive Columbo sabe isso de imediato: assim que visita a cena do crime e encontra o acusado, tem absoluta certeza, simplesmente sabe que o acusado foi o responsável. Seus esforços subsequentes não dizem respeito ao enigma "quem foi o culpado?", mas ao modo como ele deveria provar a culpa do acusado para o próprio. Essa estranha inversão da ordem normal tem conotações religiosas: numa autêntica crença religiosa, primeiro acredito em Deus e depois, com base em minha crença, torno-me suscetível às provas da verdade de minha fé; aqui também, Columbo *primeiro* sabe com uma certeza misteriosa, mas ainda assim absolutamente infalível, quem foi o culpado, e *depois*, com base nesse conhecimento inexplicável, passa a reunir provas.

De um modo ligeiramente diferente, é assim que o psicanalista, enquanto "sujeito suposto saber", funciona no tratamento: depois que está envolvido no tratamento, o paciente tem a mesma certeza absoluta de que o analista *conhece* seu segredo (o que apenas significa que o paciente *é* culpado a priori de esconder um segredo, que *há* um significado secreto a ser extraído de seus atos). O analista não é um empirista, sondando o paciente com diferentes hipóteses, à procura de provas; em vez disso, ele encarna a certeza absoluta (que Lacan compara à certeza do *cogito ergo sum* de Descartes) do desejo inconsciente do paciente. Para Lacan, essa estranha transposição do que já sei em meu inconsciente para a figura do analista está no cerne do fenômeno da transferência no tratamento: só posso chegar ao significado inconsciente de meus sintomas se pressupuser que o analista já conhece seu significado. A diferença entre Freud e Lacan é que, enquanto Freud focalizava a dinâmica psíquica da transferência como uma relação intersubjetiva (o paciente transfere para a figura do analista seus sentimentos em relação a seu pai, de modo que quando parece falar sobre o analista "realmente" fala sobre o pai), Lacan extrapolou da riqueza empírica dos fenômenos transferenciais a estrutura formal do sentido pressuposto.

A regra mais geral que a transferência exemplifica é que, muitas vezes, a invenção de algum conteúdo novo só pode ocorrer na forma ilusória de um retorno à verdade original passada. Para voltar ao assunto do protestantismo: Lutero levou a cabo a maior revolução na história do cristianismo pensando estar meramente trazendo à luz a verdade ofuscada por séculos de degeneração católica. O mesmo se aplica ao *revival* nacional: quando grupos étnicos se constituem como Estados-nações, eles em geral formulam essa constituição como um retorno a raízes étnicas antigas e esquecidas. O que não percebem é como seu "retorno a" constitui o próprio objeto para o qual ele retorna: no próprio ato de retornar à tradição, eles a estão inventando. Como todo historiador sabe, os kilts escoceses (na forma como são conhecidos hoje) foram inventados no curso do século XIX.

O que muitos leitores de Lacan não percebem é como a figura do sujeito suposto saber é um fenômeno secundário, uma exceção, algo que emerge contra o pano de fundo mais fundamental do *sujeito suposto crer*, que é o traço constitutivo da ordem simbólica.[12] Segundo uma anedota antropológica muito conhecida, os primitivos a quem certas crenças supersticiosas foram atribuídas (por exemplo que eles descendiam de um peixe ou de uma ave), quando perguntados diretamente sobre essas crença, responderam: "Claro que não – não sou tão bobo assim! Mas me contaram que alguns de nossos ancestrais realmente acreditavam que…". Em suma, transferiam sua crença para outrem. Não estamos fazendo o mesmo com nossos filhos? Submetemo-nos ao ritual do Papai Noel, visto que nossos filhos (supostamente) acreditam nele e não queremos desapontá-los; eles fingem que acreditam para não nos desapontar em nossa crença na ingenuidade deles (e para ganhar presentes, é claro). Não é essa necessidade de encontrar um outro que "realmente acredita" que também nos impele em nossa necessidade de estigmatizar o outro como um fundamentalista religioso ou étnico? De um modo estranho, algumas crenças sempre parecem funcionar a uma certa distância: para que ela funcione, precisa haver um fiador supremo dela, algum crente verdadeiro, mas esse fiador é sempre adiado, deslocado, nunca presente em pessoa. Como, então, a crença é possível? Como esse círculo vicioso de crença adiada se interrompe? O que importa, é claro, é que, para que a crença seja operativa, o sujeito que acredita diretamente não precisa existir em absoluto; basta precisamente pressupor sua existência, *acreditar* nela, seja na forma da figura fundadora mitológica que não é parte de nossa realidade, ou na forma do ator impessoal, o agente não especificado: "Dizem que..." / "Diz-se que...".

Esse, pelo menos, parece ser o status predominante das crenças hoje, em nossa era que reivindica para si o título de "pós-ideológica". Niels Bohr, que havia respondido pertinentemente ao "Deus não joga dados" de Einstein ("Não diga a Deus o que fazer!"), forneceu também o exemplo perfeito de como uma negação fetichista da crença funciona na ideologia. Vendo uma ferradura sobre a porta da casa de Bohr, um visitante surpreso observou que não acreditava na superstição de que isso dava sorte. Bohr retrucou: "Eu também não; pus a ferradura aí porque me contaram que isso funciona, mesmo que a gente não acredite!" Talvez seja por isso que "cultura" surge hoje como a categoria central do mundo/vida. Com relação à religião, não mais "acreditamos realmente", apenas seguimos (variados) rituais e comportamentos como parte de um respeito pelo "estilo de vida" da comunidade a que pertencemos (judeus não crentes podem obedecer a regras *kosher* "por respeito à tradição"). "Não acredito realmente nisso, é apenas parte de minha cultura" parece ser o modo predominante da crença deslocada, característico de nosso tempo. "Cultura" é o nome para todas essas coisas que praticamos sem de fato acreditar nelas, sem levá-las inteiramente a sério. É por isso que rejeitamos crentes fundamentalistas como "bárbaros", como anticulturais, como uma ameaça à cultura – eles ousam levar suas crenças a sério.

Pode parecer que estamos tratando aqui do fenômeno descrito muito tempo atrás por Blaise Pascal em seu conselho a incrédulos que gostariam de acreditar, mas não conseguem se forçar a dar o salto da fé: "Ajoelha-te, reza, age como se acreditasses – e a crença virá por si só." Ou, como os Alcoólicos Anônimos o expressam, mais sucintamente: "Finja, até que seja verdade." Hoje, no entanto, em nossa fidelidade a um estilo de vida cultural, viramos a lógica de Pascal ao contrário: "Você acredita demais, diretamente demais? Então se ajoelhe, aja como se acreditasse, e ficará livre da sua crença – você mesmo não precisará mais acreditar, já que sua crença será objetificada em seu ato de rezar!" Isto é, e se nos ajoelharmos e rezarmos não tanto para abraçar nossas próprias crenças, mas sim para nos livrarmos delas, de sua intrusão, para assegurar um espaço para respirar? Acreditar – acreditar diretamente, sem mediação – é um fardo opressivo que, felizmente, pode ser descarregado sobre outrem pela prática de um ritual.*

Isto nos leva à característica seguinte da ordem simbólica: seu caráter não psicológico. Quando eu acredito através de outrem, ou tenho minhas crenças externalizadas no ritual que sigo mecanicamente, quando rio por meio de risada enlatada, ou faço o trabalho do luto através de carpideiras, estou realizando uma tarefa que diz respeito a meus sentimentos e crenças íntimos sem realmente mobilizar esses estados íntimos. Aí reside o status enigmático do que chamamos de "polidez": quando, ao encontrar um conhecido, estendo a mão e digo "É um prazer vê-lo! Como vai?", está claro para nós dois que não estou falando completamente a sério (se meu conhecido desconfiar que estou genuinamente interessado, pode até se sentir desagradavelmente surpreso, como se eu tivesse em vista algo íntimo demais e que não é da minha conta – ou, para parafrasear o velho chiste freudiano: "Por que você está dizendo que está feliz em me ver, quando está *realmente* feliz em me ver?"). Ainda assim, seria errado qualificar meu ato de hipócrita, já que de outra maneira eu *sinto* isso: a troca polida de palavras renova uma espécie de pacto entre nós dois; da mesma maneira, eu rio "sinceramente" através da risada enlatada (a prova é o fato de que me sinto efetivamente aliviado).

* O mesmo se aplica ao casamento: o pressuposto implícito (ou melhor, a injunção) da ideologia do casamento é que, precisamente, não deve haver amor nele. A fórmula pascaliana do casamento não é, portanto, "Você não ama seu parceiro? Então case-se com ele, passe pelo ritual da vida compartilhada, e o amor emergirá por si mesmo", mas, ao contrário, "Você ama muito alguém? Então case-se, ritualize sua relação de amor, de modo a curar seu apego apaixonado e substituí-lo por enfadonha rotina – e se você não conseguir resistir à tentação da paixão, há sempre casos extraconjugais...".

O que isso significa é que as emoções que enceno através da máscara (a falsa persona) que adoto podem, de uma forma estranha, ser mais autênticas e verdadeiras do que admito sentir em meu foro íntimo. Quando construo uma falsa imagem de mim que me representa numa comunidade virtual de que participo (em jogos sexuais, por exemplo, um homem tímido muitas vezes adota na tela a persona de uma mulher promíscua e atraente), as emoções que sinto e finjo como parte de meu personagem não são simplesmente falsas: embora (o que considero como) meu verdadeiro eu não as sinta, elas são contudo verdadeiras em certo sentido. Suponhamos que, no fundo, eu seja um pervertido sádico que sonha em surrar outros homens e estuprar mulheres; como em minha interação com outras pessoas na vida real não me é permitido expressar esse verdadeiro eu, adoto uma persona mais humilde e polida. Neste caso, não se segue que meu verdadeiro eu está muito mais próximo do que adoto como um personagem fictício na tela e o eu de minhas interações na vida real é uma máscara? Paradoxalmente, é o próprio fato de eu estar ciente de que, no ciberespaço, eu me movo dentro de uma ficção que me permite expressar ali meu verdadeiro eu – é isso, entre outras coisas, que Lacan tem em mente quando afirma que "a verdade tem a estrutura de uma ficção". O status ficcional da verdade também nos permite delinear sucintamente o que há de falso nos chamados "*reality shows*" da TV: a vida que obtemos neles é tão real quanto café descafeinado. Em suma, mesmo que esses programas sejam "de verdade", as pessoas ainda representam neles – elas simplesmente *representam a si mesmas*. O aviso comum nos romances ("Os personagens deste texto são uma ficção; qualquer semelhança com personalidades da vida real é mera coincidência") vale também para os participantes de *reality shows*: o que vemos são personagens ficcionais, mesmo que eles representem a si mesmos "de verdade". O melhor comentário sobre esses programas é a versão irônica desse aviso usado recentemente por um autor esloveno: "Todos os personagens da narrativa que se segue são ficcionais, não reais – mas assim também são as personalidades da maioria das pessoas que conheço na vida real, de modo que este aviso não significa grande coisa..."

Num dos filmes dos irmãos Marx, Groucho, quando apanhado numa mentira, responde com irritação: "No que você vai acreditar, nos seus olhos ou nas minhas palavras?" Essa lógica aparentemente absurda transmite perfeitamente o funcionamento da ordem simbólica em que a máscara social importa mais que a realidade direta do indivíduo que a usa. Esse funcionamento envolve a estrutura do que Freud chamou de "renegação fetichista": "Sei muito bem que as coisas são como as vejo, que a pessoa diante de mim é um poltrão corrupto, mas apesar disso eu o trato respeitosamente, porque ele usa a insígnia de um juiz, de modo que, quando fala, é a própria lei que fala através dele." Assim, de certo modo, acredito nas palavras dele, não em meus olhos. É aí que o cínico, que só acredita em fatos incontestáveis, falha: quando um juiz fala, há de certo modo mais verdade em suas palavras (as palavras da instituição da lei) que na realidade direta da pessoa daquele juiz; se nos limitarmos ao que vemos, simplesmente não captamos o principal. É esse paradoxo que Lacan tem em vista com seus *les non-dupes errent* (os não tolos erram): aqueles que não se deixam apanhar na ficção simbólica, que continuam a acreditar em seus próprios olhos, são os que mais se enganam. O que o cínico que acredita apenas em seus olhos não percebe é a eficiência da ficção simbólica, o modo como essa ficção estrutura nossa realidade. Um padre corrupto que prega sobre a virtude pode ser um hipócrita, mas se as pessoas dotam suas palavras da autoridade da Igreja, isso pode incitá-las a praticar boas ações.

O hiato entre minha identidade psicológica direta e minha identidade simbólica (a máscara ou título simbólico que uso, definindo o que sou para e dentro do grande Outro) é o que Lacan (por razões complexas que podemos ignorar aqui) chama de "castração simbólica", tendo o falo como seu significante.* Por que o falo é, para Lacan, um significante e não simplesmente o órgão de inseminação? Nos rituais tradicionais de investidura, os objetos que simbolizam poder também põem o sujeito que os adquire na posição de exercer poder – se um rei segura o cetro nas mãos e usa a coroa, suas palavras serão tomadas como régias. Essas insígnias são externas, não parte da minha natureza: eu as visto; eu as uso para exercer poder. Como tais, elas me "castram", introduzindo um hiato entre o que sou imediatamente e a função que exerço (nunca estou completo no nível de minha função). É isso que a famigerada "castração simbólica" significa: a castração que ocorre pelo próprio fato de eu ser apanhado na ordem simbólica, assumindo uma máscara ou título simbólico. A castração é o hiato entre o que sou imediatamente e o título simbólico que me confere certo status e autoridade. Nesse sentido preciso, longe de ser

* "Significante" é um termo técnico, cunhado por Saussure, que Lacan usa de modo muito preciso: não é simplesmente o aspecto material de um signo (em contraposição a "significado", seu sentido), mas um traço, uma marca, que representa o sujeito. Sou o que sou através de significantes que me representam, significantes constituem minha identidade simbólica.

o oposto de poder, ela é sinônimo de poder; ela é o que me dá poder. Assim temos de pensar no falo não como o órgão que expressa imediatamente a força vital de meu ser, mas como um tipo de insígnia, uma máscara que uso do mesmo modo que um rei ou um juiz usa suas insígnias – o falo é uma espécie de órgão sem um corpo que eu visto, que fica preso a meu corpo, mas nunca se torna uma parte orgânica, sobressaindo para sempre como sua prótese excessiva, incoerente.

Por causa desse hiato, o sujeito nunca pode se identificar completa e imediatamente com sua máscara ou título simbólico; o questionamento pelo sujeito de seu título simbólico é o que ocorre na histeria:* "Por que eu sou o que você está dizendo que sou?" Ou, para citar a Julieta de Shakespeare: "Por que sou esse nome?" Há uma verdade no jogo de palavras entre "histeria" e "história": a identidade simbólica do sujeito é sempre historicamente determinada, dependente de um contexto ideológico específico. Estamos lidando aqui com o que Louis Althusser chamou de "interpelação ideológica": a identidade simbólica conferida a nós é o resultado do modo como a ideologia dominante nos "interpela" – como cidadãos, democratas, cristãos. A histeria emerge quando um sujeito começa a questionar ou sentir desconforto em sua identidade simbólica: "Você diz que sou seu amado – o que há em mim que me torna seu amado? O que vê em mim que o leva a me desejar desse modo?" *Ricardo II* é a peça fundamental de Shakespeare sobre a histericização (em contraste com *Hamlet*, a peça fundamental sobre a obsessão). Seu tema é o progressivo questionamento

* Lacan identifica histeria com neurose. A outra forma principal de neurose, a neurose obsessiva, é para ele um "dialeto da histeria".

pelo rei de sua própria realeza: O que faz de mim um rei? O que resta de mim se o título simbólico de "rei" for retirado?

> I have no name, no title,
> No, not that name was given me at the font,
> But 'tis usurp'd: alack the heavy day,
> That I have worn so many winters out,
> And know not what name to call myself!
> O that I were a mockery king of snow,
> Standing before the sun of Bolingbroke,
> To melt myself away in water-drops!*

Na tradução eslovena, a segunda linha é traduzida como: "Por que sou o que sou?" Embora envolva muita licença poética, isso traduz a substância do impasse: estando Ricardo privado de seus títulos simbólicos, sua identidade derrete como um boneco de neve ao sol.

O problema para o histérico é como distinguir o que ele é (seu verdadeiro desejo) do que outros veem e desejam nele. Isto nos leva para outra das fórmulas de Lacan, segundo a qual "o desejo do homem é o desejo do outro". Para Lacan, o impasse fundamental do desejo humano é que ele é o desejo do outro tanto no genitivo subjetivo quanto no objetivo: desejo pelo outro, desejo de ser desejado pelo outro, e, especialmente, desejo pelo que o outro deseja. Inveja e ressentimento são elementos

---

* *A tragédia do rei Ricardo II*, Ato IV, Cena I. Tradução livre: "Não tenho nome, nem título,/ Não, não recebi esse nome ao nascer/ Ele foi usurpado. Triste dia/ Em que vivi já tantos invernos/ E não sei por qual nome me chamar!/ Quisera ser um ridículo rei de neve/ Ante o sol de Bolingbroke,/ Para derreter em gotas d'água." (N.T.)

constitutivos do desejo humano, como Agostinho sabia tão bem – recordemos a passagem de suas *Confissões*, frequentemente citada por Lacan, que descreve um bebê com inveja do irmão que mama no seio da mãe: "Eu mesmo vi e soube que um bebê estava com inveja, embora ele não pudesse falar. Ficou pálido, e lançou olhares rancorosos para o irmão adotivo." Baseado nesse *insight*, Jean-Pierre Dupuy[13] propôs uma crítica convincente à teoria da justiça de John Rawls: no modelo de Rawls de uma sociedade justa, as desigualdades sociais são toleradas apenas na medida em que ajudam os que estão na parte inferior da escada social, e somente na medida em que se baseiam não em hierarquias herdadas, mas em desigualdades naturais, consideradas contingentes, não significando mérito.[14] O que Rawls não vê é como uma sociedade assim criaria as condições para uma explosão descontrolada de ressentimento: nela, eu saberia que meu status inferior é plenamente justificado, e seria privado da possibilidade de culpar a injustiça social pelo meu fracasso.

Rawls propõe um modelo aterrorizante de sociedade em que a hierarquia é diretamente legitimada por propriedades naturais, não compreendendo a lição simples de uma história sobre um camponês esloveno a quem uma bruxa diz: "Farei qualquer coisa que você quiser, mas fique sabendo: farei o dobro para seu vizinho!" O camponês pensa depressa, depois abre um sorriso esperto e responde: "Arranque um dos meus olhos!" Não admira que até os conservadores de hoje estejam dispostos a aceitar a noção de justiça de Rawls: em dezembro de 2005, David Cameron, o líder recém-eleito dos conservadores britânicos, indicou sua intenção de transformar o Partido Conservador num defensor dos desvalidos ao declarar: "Penso que o teste de todas as nossas medidas políticas deveria ser: o que elas fazem pelas pessoas que têm menos, as pessoas no degrau mais baixo da escada?" Até Friedrich Hayek[15] estava na pista certa quando mostrou ser muito mais fácil aceitar desigualdades quando podemos afirmar que elas resultam de uma força cega impessoal. Assim, o que a "irracionalidade" do sucesso ou do fracasso no capitalismo de mercado tem de bom (lembremos o velho tema do mercado como uma versão moderna de um Destino imponderável) é me permitir precisamente perceber meu fracasso (ou sucesso) como "imerecido", contingente. A própria injustiça do capitalismo é um traço essencial que o torna tolerável para a maioria (posso aceitar meu fracasso muito mais facilmente se sei que ele não se deve às minhas qualidades inferiores, mas ao acaso).

Lacan partilha com Nietzsche e Freud a ideia de que a justiça, como a igualdade, é fundada na inveja: nossa inveja do outro que tem o que não temos, e que se deleita com isso. A demanda de justiça é em última análise a demanda de que o excessivo gozo do outro seja restringido, de modo que o acesso de todos ao gozo seja igual. O resultado necessário dessa demanda, é claro, é ascetismo: como não é possível impor gozo igual, o que se *pode* impor é uma *proibição* igualmente partilhada. Não deveríamos esquecer, contudo, que hoje, em nossa sociedade pretensamente permissiva, o ascetismo assume precisamente a forma de seu oposto, da injunção generalizada: "Goze!" Estamos sob o feitiço dessa injunção, com o resultado de que nosso gozo é mais estorvado do que nunca – lembremos o *yuppie* que combina a autorrealização narcísica com a disciplina completamente ascética do *jogging* e da alimentação saudável. Era isso, talvez, que Nietzsche tinha em mente com sua noção do Último Homem – só hoje podemos realmente discernir os contornos do Último Homem, sob a aparência do ascetismo hedonístico reinante. No mercado atual, encontramos toda uma série de produtos desprovidos de suas propriedades danosas: café sem cafeína, creme de leite sem gordura, cerveja sem álcool... e assim por diante. Que tal o sexo virtual como sexo sem sexo, a doutrina Colin Powell da guerra sem vítimas (do nosso lado, é claro), a redefinição contemporânea da política enquanto a arte da administração especializada como a política sem política, até o multiculturalismo liberal tolerante de hoje como uma experiência do Outro privado de sua Alteridade (o Outro idealizado que executa danças fascinantes e tem uma abordagem holística ecologicamente saudável da realidade, enquanto aspectos como espancamento das esposas permanecem esquecidos)? A realidade virtual simplesmente generaliza esse procedimento de oferecer um produto despojado de sua substância: fornece a própria realidade despojada de sua substância, do núcleo duro resistente do real – do mesmo modo como café descafeinado tem cheiro e gosto de café real sem ser a coisa verdadeira, a realidade virtual é experimentada como realidade sem o ser. Tudo é permitido, você pode desfrutar tudo – com a condição de que tudo seja privado da substância que o torna perigoso.

O famoso truísmo de Jenny Holzer, "Proteja-me do que eu quero", expressa de forma muito precisa a ambiguidade fundamental da posição histérica. Ele pode ser lido como uma referência irônica à sabedoria chauvinista masculina típica segundo a qual uma mulher deixada por sua própria conta é envolvida em fúria autodestrutiva – ela precisa ser protegida de si mesma pela dominação masculina benevolente: "Proteja-me do desejo autodestrutivo excessivo em mim que eu mesma não sou capaz de dominar." Ou pode ser lido de maneira mais radical, como apontando o fato de que na sociedade patriarcal de hoje o desejo da mulher é radicalmente alienado: ela deseja o que os homens esperam que deseje, deseja ser desejada por homens. Neste caso, "Proteja-me do que eu quero" significa: "Precisamente quando pareço expressar meu desejo mais íntimo e autêntico, 'o que eu quero' já me foi imposto pela ordem patriarcal que me diz o que desejar, de modo que a primeira condição de minha libertação é que eu rompa o círculo vicioso de meu desejo alienado e aprenda a formular meu desejo de maneira autônoma." Essa mesma ambiguidade não estava claramente discernível no modo como o olhar liberal ocidental viu a guerra nos Bálcãs no início da década de 1990? À primeira vista, a intervenção ocidental pode parecer ter respondido ao apelo implícito das nações balcânicas: "Protejam-nos do que queremos!" – de nossas paixões autodestrutivas que levaram a limpeza étnica e gangues de estupradores. Mas e se lermos o imaginado apelo balcânico "Protejam-nos do que queremos!" da segunda maneira, oposta à primeira? Aceitar plenamente essa incoerência de nosso desejo, aceitar plenamente que é o desejo que sabota, ele mesmo, sua própria libertação é a lição amarga de Lacan.

Isto nos leva de volta ao sujeito suposto saber, que é o Outro final do histérico, o alvo de suas constantes provocações. O que o histérico espera do sujeito suposto saber é que ele forneça a solução que resolverá o impasse do histérico, a resposta final para "Quem sou eu? O que realmente quero?". Essa é a armadilha que o analista tem de evitar: embora, no curso do tratamento, ele ocupe o lugar daquele que é suposto saber, toda a sua estratégia é solapar esse lugar e fazer o paciente saber que não há garantia para nosso desejo no grande Outro.

3. De *Che vuoi?* à fantasia: Lacan *De olhos bem fechados*

> E por que com um A maiúsculo? Por uma razão sem dúvida delirante, como a cada vez que se é forçado a empregar signos suplementares àquilo que é fornecido pela linguagem. Essa razão delirante é a seguinte. *Você é minha mulher* – afinal, o que sabem vocês disso? *Você é meu mestre* – de fato, estão vocês tão certos disso? O que constitui precisamente o valor fundador dessas falas, é que o que é visado na mensagem, como também o que é manifesto no fingimento, é que o outro está aí enquanto Outro absoluto. Absoluto, isto é, que ele é reconhecido, mas que ele não é conhecido. Da mesma forma, o que constitui o fingimento é que vocês não sabem no fim de contas se é um fingimento ou não. É essencialmente essa incógnita na alteridade do Outro que caracteriza a ligação da palavra no nível em que ela é falada ao outro.[16]

Esta passagem deveria surpreender qualquer pessoa familiarizada com Lacan: ela equipara o grande Outro à impenetrabilidade de um outro sujeito além do "muro da linguagem", pondo-nos na extremidade oposta da imagem predominante que Lacan apresenta do grande Outro, a da lógica inexorável de um automatismo que dirige o espetáculo, de modo que quando o sujeito fala, ele é, sem que ele mesmo saiba, meramente "falado", não senhor em sua própria casa. O que *é* então o grande Outro? É o mecanismo anônimo da ordem simbólica, ou um outro sujeito em sua radical alteridade, um sujeito do qual estou separado para sempre pelo "muro da linguagem"? A maneira fácil de sair desse impasse teria sido ler nessa discrepância o sinal de uma mudança no desenvolvimento de Lacan, do Lacan inicial, concentrado na dialética intersubjetiva do reconhecimento, ao Lacan posterior que propõe o mecanismo anônimo que regula a interação de sujeitos (em termos filosóficos: da fenomenologia para o estruturalismo). Embora haja uma verdade limitada nesta solução, ela ofusca o mistério central do grande Outro: o ponto em que o grande Outro, a ordem simbólica anônima, fica subjetivado.

O caso exemplar é a divindade: não seria o que chamamos de "Deus" o grande Outro personificado, dirigindo-se a nós como uma pessoa maior que a vida, um sujeito além de todos os sujeitos? De maneira semelhante, dizemos que a História pede algo de nós, que nossa Causa nos chama para fazer o sacrifício necessário. É o que temos aqui, um estranho sujeito que não é simplesmente um outro ser humano, mas o Terceiro, o sujeito que se eleva acima da interação de indivíduos humanos reais – e o enigma aterrorizante é, evidentemente, o que esse sujeito impenetrável quer de nós (a teologia refere-se a essa dimensão como a de *Deus absconditus*)? Para Lacan, não precisamos evocar Deus para sentirmos essa dimensão abissal; ela está presente em cada ser humano:

> ... o desejo do homem é o desejo do Outro, onde o "de" fornece a determinação chamada pelos gramáticos de subjetiva, ou seja, é como Outro que ele deseja ... . Eis por que a pergunta do Outro, que retorna para o sujeito do lugar de onde ele espera um oráculo, formulada como um "Che vuoi? – que quer você?", é a que melhor conduz ao caminho de seu próprio desejo [17]

A fórmula de Lacan é ambígua. "É como Outro que ele deseja" significa primeiro que o desejo do homem é estruturado pelo grande Outro "descentrado", a ordem simbólica: o que eu desejo é predeterminado pelo grande Outro, o espaço simbólico em que habito. Mesmo quando meus desejos são transgressivos, mesmo quando eles violam normas sociais, essa própria transgressão depende do que ela transgride. Paulo sabe disso muito bem quando, na famosa passagem em Romanos, descreve como a lei provoca o desejo de violá-la. Como o edifício moral de nossas sociedades ainda gira em torno dos Dez Mandamentos – a lei a que Paulo se referia –, a experiência de nossa sociedade liberal-permissiva confirma o *insight* de Paulo: ela demonstra continuamente que nossos prezados direitos humanos são, em sua essência, simplesmente direitos de violar os Dez Mandamentos. "O direito à privacidade": o direito ao adultério, cometido em segredo, quando ninguém me vê ou tem o direito de se intrometer em minha vida. "O direito de perseguir a felicidade e de possuir propriedade privada": o direito de roubar (de explorar outros). "Liberdade de imprensa e de expressão de opinião": o direito de mentir. "O direito dos cidadãos livres de possuir armas": o direito de matar. E, por fim, "liberdade de crença religiosa": o direito de adorar falsos deuses.

Há, no entanto, um outro sentido de "o desejo do homem é o desejo do Outro": o sujeito só deseja na medida em que experimenta o próprio Outro como desejante, como o sítio de um desejo insondável, como se um desejo opaco estivesse emanando dele. O outro não só se dirige a mim com um desejo enigmático; ele também me confronta com o fato de que eu mesmo não sei o que realmente desejo, do enigma de meu próprio desejo. Para Lacan, que segue Freud nesse aspecto, essa dimensão abissal de um outro ser humano – o abismo da profundidade de uma outra personalidade, sua completa impenetrabilidade – encontrou sua plena expressão primeiro no judaísmo, com sua injunção a que amemos o próximo como a nós mesmos. Para Freud, assim como para Lacan, essa injunção é profundamente problemática, uma vez que ela ofusca o fato de que, sob o próximo como minha imagem especular, aquele que se parece comigo, por quem posso sentir empatia, sempre se esconde o abismo insondável da Alteridade radical, de alguém sobre quem eu por fim nada sei. Posso realmente confiar nele? Quem é ele? Como posso ter certeza de que suas palavras não são mero fingimento? Em contraste com a atitude típica da Nova Era que, em última análise, reduz meus próximos a minhas imagens especulares, ou aos meios para o fim de minha autorrealização (como é o caso da psicologia jungiana, em que os outros à minha volta acabam como externalizações/projeções de aspectos negados de minha própria personalidade), o judaísmo inaugura uma tradição em que um cerne traumático alheio persiste para sempre em meu próximo – o próximo continua sendo uma presença inerte, impenetrável, enigmática que me histericiza. O núcleo dessa presença, é claro, é o desejo do próximo, um enigma não só para nós, mas também para o próximo. Por essa razão, o "*Che vuoi?*" de Lacan não pergunta simplesmente: "O que você quer?", mas sim: "O que o incomoda? O que é isso em você que o torna tão insuportável não só para nós, mas também para você mesmo, e que você mesmo obviamente não controla?"

A tentação a que é preciso resistir aqui é a domesticação ética do próximo – por exemplo, o que Emmanuel Levinas fez com sua noção do próximo como o ponto abissal do qual o chamado da responsabilidade ética emana. O que Levinas ofusca é a monstruosidade do próximo, uma monstruosidade em função da qual Lacan aplica ao próximo o termo Coisa (*das Ding*), usado por Freud para designar o objeto supremo de nossos desejos em sua insuportável intensidade e impenetrabilidade. Deveríamos ouvir nesse termo todas as conotações da ficção de horror: o próximo é a Coisa (Má) que se esconde potencialmente sob cada face humana familiar. Pensemos em *O iluminado*, de Stephen King, em que o pai, um modesto escritor fracassado, se transforma pouco a pouco numa fera assassina que, com um sorriso mau, acaba por assassinar a família inteira. Não é de admirar, portanto, que o judaísmo seja também a religião da Lei divina que regula as relações entre as pessoas: essa Lei é estritamente correlativa à emergência do próximo como Coisa desumana. Isto é, a função fundamental da Lei não é nos permitir não esquecer o próximo, conservar nossa proximidade com o próximo, mas, ao contrário, manter o próximo a uma distância adequada, proteger-nos contra a monstruosidade da casa ao lado. Como Rainer Maria Rilke o expressa nos *Cadernos de Malte Laurids Brigge*:

> Existe uma criatura perfeitamente inofensiva; quando ela passa diante dos seus olhos, você mal a percebe e imediatamente volta a esquecê-la. Mas assim que ela de algum modo, invisivelmente, chega aos seus ouvidos, começa a se expandir, eclode, e conhecem-se casos em que ela penetrou no cérebro e floresceu ali devastadoramente, como os pneumococos em cães, que penetram através do focinho... Essa criatura é o Seu Próximo.

É por esta razão que encontrar-se na posição do amado é uma descoberta tão violenta, até traumática: ser amado me faz sentir diretamente o hiato entre o que sou como um ser determinado e o insondável X em mim que causa amor. A definição de amor de Lacan – "amar é dar o que não se tem..." – tem de ser suplementada com "...para alguém que não quer". Não é isso confirmado por nossa experiência mais elementar quando alguém declara de modo inesperado que nos ama apaixonadamente? A primeira reação, precedendo a resposta positiva, é que algo obsceno, intrusivo, nos está sendo impingido. No meio de *21 gramas* de Guillermo Arriaga, Paul, que está morrendo de uma doença cardíaca, declara suavemente seu amor a Cristina, que está traumatizada pela morte recente do marido e de dois filhos pequenos. Quando voltam a se encontrar, Cristina prorrompe numa queixa sobre a natureza violenta da declaração de amor:

> Sabe, você me deixou pensando o dia inteiro. Não falei com ninguém durante meses e mal o conheço e já preciso falar com você... E há uma coisa que, quanto mais penso sobre ela, menos a entendo: por que você me disse que gostava de mim? Responda-me, porque não gostei nada de você dizer isso. Você não pode simplesmente se aproximar de uma mulher que mal conhece e dizer que gosta dela. *Não pode.* Você não sabe pelo que ela está passando, o que ela está sentindo. Não sou casada, você sabe, não sou coisa alguma neste mundo. Simplesmente não sou nada.[18]

Nesse instante, Cristina olha para Paul, ergue as mãos e começa a beijá-lo desesperadamente na boca; portanto, não é que ela não gostasse dele e não desejasse contato carnal. O problema para ela era, ao contrário, que ela o queria – o sentido de sua queixa era: que direito tinha ele de atiçar seu desejo? É a partir desse abismo do Outro como Coisa que podemos compreender o que Lacan quer dizer com o que chama de a "palavra fundadora", declarações que conferem a uma pessoa algum título simbólico e fazem dela o que se proclama que ela é, constituindo sua identidade simbólica: "Você é minha mulher, você é meu mestre..." Essa noção é comumente percebida como um eco da teoria dos performativos, de atos de fala que realizam no próprio ato de sua enunciação o estado de coisas que declaram (quando digo "Esta reunião está encerrada", com isto encerro efetivamente a reunião).* Fica claro, no entanto, pela passagem que abre este capítulo, que Lacan tem algo mais em vista. Os performativos são, em seu sentido mais fundamental, atos de confiança e compromisso simbólico. Quando digo a alguém: "Você é meu mestre!", obrigo-me a tratá-lo de certa maneira e, no mesmo movimento, obrigo-o a me tratar de certa maneira. O que Lacan quer dizer é que precisamos desse recurso à performatividade, ao compromisso simbólico, precisamente e apenas na medida em que o outro com quem nos defrontamos não é apenas meu duplo especular, alguém como eu, mas também o elusivo Outro absoluto que permanece em última análise um mistério insondável. A principal função da ordem simbólica com suas leis e obrigações é tornar nossa coexistência com outrem minimamente tolerável: um Terceiro tem de intervir entre mim e meus próximos para que nossas relações não explodam em violência assassina.

* O vínculo entre Lacan e J.L. Austin, o autor da noção de performativo, foi Emile Benveniste.

Nos anos 1960, na era do "estruturalismo" (teorias baseadas na noção de que toda a atividade humana é regulada por mecanismos simbólicos inconscientes), Louis Althusser propôs a famigerada fórmula do "anti-humanismo teórico", admitindo, até exigindo, que ele fosse suplementado pelo humanismo prático. Em nossa prática, deveríamos agir como humanistas, respeitando os outros, tratando-os como pessoas livres com plena dignidade, como criadores de seu mundo. Na teoria, no entanto, deveríamos ter sempre em mente que o humanismo é uma ideologia, o modo como experimentamos espontaneamente nossas dificuldades, e que um verdadeiro conhecimento dos seres humanos e de sua história deveria tratar os indivíduos não como sujeitos autônomos, mas como elementos numa estrutura que segue suas próprias leis. Em contraste com Althusser, Lacan defende que reconheçamos o *anti-humanismo prático*, uma ética que vai além da dimensão do que Nietzsche chamou de "humano, demasiado humano", e nos defrontemos com o cerne inumano da humanidade. Isto significa uma ética que enfrenta destemidamente a monstruosidade latente de ser humano, a dimensão diabólica que irrompeu no fenômeno amplamente coberto pelo rótulo "Auschwitz".

Talvez a melhor maneira de descrever o status dessa dimensão inumana do próximo seja com referência à filosofia de Kant. Em sua *Crítica da razão pura*, Kant introduziu uma distinção decisiva entre juízo negativo e indefinido: o enunciado positivo "a alma é mortal" pode ser negado de duas maneiras. Podemos ou negar um predicado ("a alma não é mortal"), ou afirmar um não predicado ("a alma é não mortal"). A diferença é exatamente a mesma que aquela, conhecida por todo leitor de Stephen King, entre "ele não está morto" e "ele está não morto". O juízo indefinido abre um terceiro domínio que solapa a distinção entre estar morto e não estar morto (vivo): os "não mortos" não estão nem vivos nem mortos, eles são precisamente os monstruosos "mortos-vivos". E o mesmo se aplica a "desumano": "ele não é humano" não é o mesmo que "ele é desumano". "Ele não é humano" significa simplesmente que ele é externo à humanidade, animal ou divino, ao passo que "ele é desumano" significa algo completamente diferente, a saber, o fato de que ele não é nem humano nem não humano, mas marcado por um excesso aterrorizante, que, embora negue o que entendemos por humanidade, é inerente a ser humano. E talvez devêssemos arriscar a hipótese de que é isso que muda com a revolução filosófica kantiana: no universo pré-kantiano, os seres humanos eram simplesmente seres humanos, seres de razão, combatendo os excessos de concupiscência animal e loucura divina, ao passo que com Kant o excesso a ser combatido é imanente e diz respeito ao cerne da própria subjetividade. (É por isso que, no idealismo alemão, a metáfora para o cerne da subjetividade é Noite, a "Noite do Mundo", em contraste com a noção iluminista da Luz da Razão, combatendo a escuridão à sua volta.) No universo pré-kantiano, quando um herói enlouquece, ele é privado de sua humanidade, e paixões animais ou loucura divina assumem o comando. Com Kant, a loucura indica a explosão incontida do próprio cerne de um ser humano.

Como podemos evitar o impacto traumático de ficar expostos diretamente demais a esse aterrorizante abismo do Outro? Como podemos enfrentar esse encontro perigoso com o desejo do Outro? Para Lacan, a fantasia fornece uma resposta para o enigma do desejo do Outro. A primeira coisa a observar acerca da fantasia é que ela nos ensina literalmente como desejar: fantasia não significa que quando desejo uma torta de morango e não posso tê-la na realidade eu fantasio que a estou comendo; o problema é antes: para começar, como sei que desejo uma torta de morango? É isso que a fantasia me diz. Esse papel da fantasia depende do impasse em nossa sexualidade designado por Lacan em seu enunciado paradoxal "Não há relação sexual" – não há nenhuma garantia universal de uma relação sexual harmoniosa com nosso parceiro. Cada sujeito tem de inventar uma fantasia própria, uma fórmula "privada" para a relação sexual – a relação com uma mulher só é possível na medida em que o parceiro aderir a essa fórmula.

Alguns anos atrás, feministas eslovenas promoveram um grande protesto contra um cartaz de propaganda de filtro solar divulgado por um grande fabricante de cosméticos que mostrava vários traseiros femininos bronzeados em biquínis justos e acompanhados pelo slogan: "Para cada uma, o seu próprio fator." O anúncio era baseado, é claro, num duplo sentido de mau gosto: o slogan referia-se ostensivamente ao filtro solar, que era oferecido com diferentes fatores de proteção solar, de modo a convir a diferentes tipos de pele; todo o seu efeito, contudo, estava baseado numa óbvia leitura macho-chauvinista: "Toda mulher pode ser possuída, contanto que o homem conheça o seu fator, seu catalisador específico, o que mexe com ela!" O ponto de vista freudiano é que todo sujeito, mulher ou homem, possui tal "fator", que regula seu desejo: "uma mulher, vista por trás, de quatro" era o "fator" para o Homem dos Lobos, o mais famoso paciente de Freud; uma mulher escultural sem pelos pubianos era o fator para John Ruskin. Não há nada de enaltecedor em nosso conhecimento desse fator: ele é estranho, até horripilante, já que de algum modo empobrece o sujeito, reduzindo-o ao nível de um fantoche além da dignidade e da liberdade.

No entanto, o que é preciso acrescentar de imediato é que o desejo encenado na fantasia não é o do próprio sujeito, mas o desejo do *outro*, o desejo daqueles à minha volta com quem interajo: a fantasia, a cena ou cenário fantasístico, é uma resposta para: "Você está dizendo isto, mas *o que você realmente quer dizendo isto*?" A questão original do desejo não é diretamente "Que quero eu?", mas "O que querem os *outros* de mim? O que veem eles em mim? O que sou eu para esses outros?". Uma criança pequena está inserida numa rede complexa de relações, serve como uma espécie de catalisador e campo de batalha para os desejos dos que a cercam. Seu pai, mãe, irmãos e irmãs, tios e tias disputam suas batalhas em nome dela; a mãe envia uma mensagem para o pai através de seu desvelo pelo filho. Embora sendo perfeitamente ciente desse papel, a criança não consegue penetrar exatamente que tipo de objeto ela é para esses outros, que tipo de jogos eles estão jogando com ela. A fantasia fornece uma resposta para esse enigma: em seu nível mais fundamental, a fantasia me diz o que eu sou para meus outros. Esse caráter intersubjetivo da fantasia é discernível mesmo nos casos mais elementares, como aquele, relatado por Freud, de sua filhinha fantasiando comer uma torta de morango. O que temos aqui não é de maneira alguma o simples caso da satisfação alucinatória direta de um desejo (ela queria uma torta, não a tinha, por isso a fantasiava). O traço crucial é que, ao se regalar com uma torta de morango, a menininha percebeu como seus pais estavam profundamente satisfeitos com a visão de seu prazer. O que a fantasia de comer uma torta de morango de fato envolvia era sua tentativa de formar uma identidade (de alguém que gosta intensamente de comer uma torta dada pelos pais) que iria satisfazer seus pais e fazer dela um objeto do desejo deles.

Como a sexualidade é o domínio em que chegamos mais perto da intimidade de outro ser humano, expondo-nos totalmente a ele, o gozo sexual é real para Lacan: algo traumático em sua assombrosa intensidade, contudo impossível no sentido de que não podemos jamais compreendê-lo. É por isso que uma relação sexual, para funcionar, tem de ser filtrada por alguma fantasia. Lembremos o encontro entre Sarah Miles e seu amante ilícito, o oficial inglês, em *A filha de Ryan*, de David Lean: a representação do ato sexual no meio da floresta, com sons de cachoeira que supostamente transmitem sua paixão reprimida, só pode nos impressionar hoje como uma misturada de clichês. No entanto, o papel do absurdo acompanhamento sonoro é profundamente ambíguo: ao enfatizar o êxtase do ato sexual, esses sons de certa forma desmaterializam o ato e nos livram do peso de sua presença. Um pequeno experimento mental deixa esta ideia clara: imaginemos que, no meio de uma representação tão patética do ato sexual, a música seja subitamente emudecida e não reste mais nada senão gestos rápidos, vivos, seu penoso silêncio interrompido pela farfalhada ou o gemido ocasional, compelindo-nos a nos defrontar com a presença inerte do ato sexual. Em suma, o paradoxo da cena de *A filha de Ryan* é que o próprio som de cachoeira funciona como o crivo fantasístico que exclui o real do ato sexual.

O canto da Internacional em *Reds* desempenha exatamente o mesmo papel que o som de cachoeira em *A filha de Ryan*: o papel do crivo fantasístico que nos permite suportar o real do ato sexual. *Reds* integra a Revolução de Outubro – para Hollywood, o mais traumático evento histórico – no universo de Hollywood encenando-a como pano de fundo metafórico para o ato sexual entre os protagonistas do filme, John Reed (interpretado pelo próprio Warren Beatty) e sua amante (Diane Keaton). No filme, a Revolução de Outubro ocorre imediatamente depois de uma crise na relação dos dois. Pronunciando um inflamado discurso revolucionário para a multidão turbulenta, Beatty mesmeriza Keaton; os dois trocam olhares desejosos, e os gritos da multidão servem como uma metáfora para o renascimento da paixão. As cenas míticas decisivas da revolução (manifestações de rua, a invasão do Palácio de Inverno) se alternam com a representação das relações sexuais do casal, contra o pano de fundo da multidão cantando a Internacional. Mas cenas de massa funcionam como metáforas vulgares para o ato sexual. Quando a massa escura se aproxima do fálico trilho de bonde, não é isso uma metáfora para Keaton que, no ato sexual, desempenha o papel ativo por cima de Beatty? Aqui temos o exato oposto daquele realismo socialista soviético em que amantes experimentariam seu amor como uma contribuição à luta pelo socialismo, prometendo sacrificar todos os seus prazeres privados pela causa da revolução e afogar-se nas massas: em *Reds*, ao contrário, a própria revolução aparece como uma metáfora para o embate sexual bem-sucedido.

A voz corrente, em geral atribuída à psicanálise, segundo a qual a sexualidade é o referente oculto universal de todas as atividades – o que quer que façamos, estamos "pensando naquilo" – é invertida aqui: é o próprio sexo real que, para ser palatável, precisa ser filtrado através do crivo assexuado da Revolução de Outubro. Em vez do proverbial "Feche os olhos e pense na Inglaterra!",* temos aqui "Feche os olhos e pense na Revolução de Outubro!". A lógica é a mesma que a de uma tribo americana nativa cujos membros descobriram que todos os sonhos têm algum significado sexual oculto – todos exceto os abertamente sexuais: é justamente nesses que é preciso procurar um outro significado. (Em seus diários secretos recentemente descobertos, Wittgenstein conta que, enquanto se masturbava na linha de frente durante a Primeira Guerra Mundial, estava pensando em problemas matemáticos.) E é a mesma, na realidade, do chamado sexo real: qualquer contato com um outro real, de carne e osso, qualquer prazer que encontremos tocando outro ser humano, não é algo evidente, mas algo inerentemente traumático, e só pode ser suportado na medida em que esse outro entre no quadro da fantasia do sujeito.

O que é então a fantasia em seu sentido mais fundamental? O paradoxo ontológico, o escândalo mesmo, da fantasia reside no fato de que ela subverte a oposição típica de "subjetivo" e "objetivo": é claro, a fantasia é por definição não objetiva (algo que existe independentemente das percepções do sujeito); no entanto, ela é também não subjetiva (algo que pertence às intuições conscientemente experimentadas do sujeito, o produto de sua imaginação). A fantasia pertence antes à "bizarra categoria do objetivamente, subjetivo – o modo como as coisas realmente, objetivamente, parecem ser para você, mesmo que não pareçam ser dessa maneira para você".[19] Quando,

* A expressão "Close your eyes and think of England", de origem dúbia, é tipicamente inglesa e indica, de modo bem-humorado, fazer sexo sem vontade ou, por extensão, realizar qualquer tarefa sem prazer e por mera obrigação. (N.T.)

por exemplo, afirmamos que alguém é conscientemente "favorável" aos judeus embora abrigue profundos preconceitos antissemitas de que não tem consciência, não estamos então afirmando que (na medida em que esses preconceitos não traduzem o modo como os judeus realmente são, mas o modo como parecem ser para ele) *ele não sabe como os judeus realmente parecem ser para ele*?

Em março de 2003, Donald Rumsfeld teve um rápido acesso de filosofia amadora sobre a relação entre o sabido e o não sabido. "Há sabidos sabidos. Essas são coisas que sabemos que sabemos. Há não sabidos sabidos. Isto é, há coisas que sabemos que não sabemos. Mas há também não sabidos não sabidos. Há coisas que não sabemos que não sabemos." O que ele esqueceu de acrescentar foi o quarto termo essencial: "os sabidos não sabidos", coisas que não sabemos que sabemos – o que é precisamente o inconsciente freudiano, o "saber que não se sabe", como Lacan costumava dizer, cujo cerne é a fantasia. Se Rumsfeld pensa que os principais perigos na confrontação com o Iraque são os "não sabidos não sabidos", as ameaças representadas por Saddam ou seus sucessores que nem desconfiamos o que possam ser, o que deveríamos dizer em resposta é que os principais perigos são, ao contrário, os "sabidos não sabidos", as crenças e suposições negadas que sequer sabemos que abrigamos, mas que apesar disso determinam nossos atos e sentimentos.

Esta é também uma das maneiras de especificar o significado da afirmação de Lacan de que o sujeito é sempre "descentrado". O que ele quer dizer não é que minha experiência subjetiva é regulada por mecanismos inconscientes objetivos que são descentrados em relação à minha experiência de mim mesmo e, como tais, fora de meu controle (uma ideia afirmada por todo materialista), mas sim algo muito mais perturbador: estou privado até de minha experiência subjetiva mais íntima, do modo como as coisas "realmente parecem ser para mim", privado da fantasia fundamental que constitui e garante o cerne de meu ser, uma vez que nunca posso experimentá-lo e assumi-lo.

Segundo a visão comum, a dimensão que é constitutiva da subjetividade é a da (auto)experiência fenomenal: sou um sujeito no momento em que posso dizer a mim mesmo: "Qualquer que seja o mecanismo desconhecido que governa meus atos, percepções e pensamentos, ninguém pode tirar de mim o que estou vendo e sentindo exatamente agora." Digamos, quando estou perdidamente apaixonado, e um bioquímico me informa que todos os meus sentimentos intensos são apenas o resultado de processos bioquímicos em meu corpo, posso responder, agarrando-me à aparência: "Tudo que você está dizendo pode ser verdade, mas, apesar disso, nada pode tirar de mim a intensidade da paixão que estou experimentando agora..." A ideia de Lacan, contudo, é que o psicanalista é aquele que, precisamente, *pode* tirar isso do sujeito: o objetivo final do analista é privar o sujeito da própria fantasia fundamental que regula o universo de sua (auto)experiência. O sujeito freudiano do inconsciente só emerge quando um aspecto essencial da (auto)experiência do sujeito (sua fantasia fundamental) torna-se inacessível para ele, primordialmente recalcado. Em seu aspecto mais radical, o inconsciente é o fenômeno inacessível, não os mecanismos objetivos que regulam minha experiência fenomênica. Assim, em contraste com o lugar-comum de que estamos lidando com um sujeito no momento em que uma entidade exibe sinais de vida interior (de uma experiência fantasística que não pode ser reduzida a comportamento externo), deveríamos afirmar que o que caracteriza a subjetividade humana propriamente dita é, antes, o hiato que separa os dois, a saber, o fato de que a fantasia, em seu nível mais fundamental, torna-se inacessível ao sujeito. É essa inacessibilidade que torna o sujeito "vazio", como disse Lacan.

Obtemos assim uma relação que subverte totalmente a noção corrente do sujeito que experimenta a si mesmo diretamente através de seus estados interiores: uma estranha relação entre o sujeito vazio, não fenomênico, e os fenômenos que permanecem inacessíveis ao sujeito. Em outras palavras, a psicanálise nos permite formular uma fenomenologia paradoxal sem um sujeito – surgem fenômenos que não são fenômeno *de* um sujeito, aparecendo *para* um sujeito. Isto não significa que o sujeito não esteja envolvido aqui – ele está, mas precisamente no modo da *exclusão*, como dividido, como a agência que não é capaz de assumir o verdadeiro cerne de sua experiência interior.

O status paradoxal da fantasia nos leva à questão final da diferença inconciliável entre psicanálise e feminismo, a do estupro (e das fantasias masoquistas que o sustentam). Para o feminismo típico, pelo menos, é um axioma que o estupro é uma violência imposta a partir de fora: mesmo que uma mulher fantasie que está sendo estuprada ou brutalmente maltratada, ou essa é uma fantasia masculina com mulheres, ou uma mulher a tem na medida em que "internalizou" a economia libidinal patriarcal e endossou sua vitimização – a ideia subjacente é que, no momento em que reconhecemos esse fato do devaneio com o estupro, abrimos a porta para platitudes macho-chauvinistas sobre como, ao serem estupradas, as mulheres apenas conseguem o que secretamente queriam, e como seu choque e medo expressam apenas o fato de que não eram sinceras o suficiente para reconhecer seu desejo. Assim, no momento em que alguém menciona que uma mulher pode fantasiar que está sendo estuprada, ouve-se a objeção de que "isso é como dizer que os judeus fantasiam que estão sendo mortos em câmaras de gás nos campos de concentração, ou que os afro-americanos fantasiam que estão sendo linchados!" Dessa perspectiva, a posição histérica dividida da mulher (queixando-se de que sofre abusos sexuais e é explorada ao mesmo tempo em que deseja isso e provoca o homem a seduzi-la) é secundária, enquanto, para Freud, essa divisão é primária, constitutiva da subjetividade.

A conclusão prática disto é que, embora (algumas) mulheres realmente devaneiem que estão sendo estupradas, isso não apenas não legitima em absoluto o estupro real, mas o torna ainda mais violento. Tomemos duas mulheres: a primeira é liberada e assertiva, ativa; a outra devaneia em segredo que está sendo brutalizada, até estuprada, por seu parceiro. O ponto crucial é que, se ambas forem estupradas, o estupro será muito mais traumático para a segunda mulher, por causa do próprio fato de que ele realizará na realidade social "externa" a "matéria de seus sonhos". Há um hiato que separa para sempre o cerne fantasístico do ser do sujeito dos modos mais superficiais de suas identificações simbólicas ou imaginárias. Nunca me é possível assumir plenamente (no sentido de integração simbólica) o cerne fantasístico do meu ser: quando ouso enfrentá-lo de perto demais, o que ocorre é o que Lacan chama de afânise (a auto-obliteração) do sujeito: o sujeito perde sua consistência simbólica, desintegra-se. E talvez a realização forçada na realidade social do cerne fantasístico de meu ser seja o pior, o mais humilhante tipo de violência, uma violência que solapa a própria base de minha identidade (de minha autoimagem).* Consequentemente, o problema com o estupro, na visão de Freud, é que ele tem tamanho impacto traumático não simplesmente por ser um caso de violência externa brutal, mas também por tocar em algo negado na própria vítima. Assim, quando Freud escreve "Se aquilo que [sujeitos] desejam mais intensamente em suas fantasias lhes for apresentado na realidade, eles apesar de tudo fogem daquilo",[20] o que quer dizer é que isso ocorre não meramente por causa da censura, mas sim porque o cerne de nossa fantasia nos é intolerável.

Alguns anos atrás, um comercial de cerveja encantador foi exibido na TV britânica. Ele começava com o conhecido encontro de conto de fadas: uma moça caminha à margem de um riacho, vê um sapo, pega-o gentilmente no colo, beija-o, e é claro que o sapo feio se transforma num belo rapaz. Mas a história não termina aí: o rapaz lança um olhar ávido para a moça, puxa-a para si, beija-a e ela se transforma numa garrafa de cerveja que o homem segura triunfantemente na mão. Para a mulher, o importante é que seu amor e afeição (indicados pelo beijo) transformam o sapo num belo rapaz, uma presença fálica plena; para o homem é reduzir a mulher a um objeto

* Esta é também a razão por que *homens que realmente praticam estupros não fantasiam que estupram mulheres* – ao contrário, fantasiam que são gentis, que encontram uma parceira amorosa; o estupro é antes uma *passage à l'acte* violenta que emerge de sua incapacidade de encontrar tal parceira na vida real.

parcial, a causa de seu desejo. Por causa dessa assimetria, não há nenhuma relação sexual: temos ou uma mulher com um sapo ou um homem com uma garrafa de cerveja. O que nunca podemos obter é o belo casal natural de um homem e uma mulher: a contrapartida fantasística desse casal ideal teria sido a figura de *um sapo abraçando uma garrafa de cerveja* – uma imagem incongruente que, em vez de garantir a harmonia da relação sexual, faz sobressair sua ridícula disparidade.* Isso abre a possibilidade de solapar o domínio que uma fantasia exerce sobre nós através de nossa própria superidentificação com ela: abraçando simultaneamente, dentro do mesmo espaço, a multidão de elementos fantasísticos incoerentes. Isto é, cada um dos dois sujeitos está envolvido em sua própria fantasia subjetiva – a moça fantasia o sapo que é na realidade um rapaz, o homem fantasia a moça que é na realidade uma garrafa de cerveja. O que a arte e a literatura moderna opõem a isto não é a realidade objetiva, mas a fantasia subjacente "objetivamente subjetiva" que os dois sujeitos nunca conseguem encenar, uma pintura magrittesca de um sapo escarrapachado sobre uma garrafa de cerveja, com o título "Um homem e uma mulher", ou "O casal ideal". (A associação com o famoso "burro morto sobre um piano" surrealista é plenamente justificada aqui, já que os surrealistas também praticavam essa superidentificação com fantasias incongruentes.) E não seria este o dever ético do artista de hoje – pôr-nos diante do sapo

* É claro que o ponto de vista feminista óbvio seria que o que as mulheres testemunham em sua experiência cotidiana de amor é antes o cenário oposto: você beija um belo homem e, depois que chega perto demais dele, i.e., quando já é tarde demais, descobre que ele é realmente um sapo, talvez um sapo alcoólatra.

abraçando a garrafa de cerveja, quando sonhamos em abraçar nosso amado? Em outras palavras, encenar fantasias que são radicalmente dessubjetivadas, que jamais podem ser encenadas pelo sujeito?

Isto nos leva a mais uma complicação vital: se o que experimentamos como "realidade" é estruturado pela fantasia, e se a fantasia serve como o crivo que nos protege, impedindo que sejamos diretamente esmagados pelo real cru, então *a própria realidade pode funcionar como uma fuga de um encontro com o real.* Na oposição entre sonho e realidade, a fantasia está do lado da realidade, e é em sonhos que nos defrontamos com o real traumático – não é que os sonhos sejam para aqueles que não conseguem suportar a realidade, a própria realidade é para aqueles que não conseguem suportar (o real que se anuncia em) seus sonhos. Esta é a lição que Lacan extrai do famoso sonho relatado por Freud em *A interpretação dos sonhos*, sonhado pelo pai que cai no sono quando vela sobre o caixão do filho. Nesse sonho, seu filho morto lhe aparece, pronunciando o terrível apelo: "Pai, não vês que estou queimando?" Ao acordar, o pai descobre que o tecido sobre o caixão do filho pegou fogo porque uma vela havia caído. Então por que o pai acordou? Teria sido porque o cheiro de fumaça estava muito forte, de modo que não foi mais possível prolongar seu sono encerrando o evento num sonho improvisado? Lacan propõe uma leitura muito mais interessante:

> Se a função do sonho é prolongar o sono, se o sonho, afinal de contas, pode se aproximar tanto da realidade que o provoca, não podemos dizer que, a essa realidade, ele poderia ter respondido sem sair do sono? – existem as atividades sonambúlicas, afinal

> de contas. A questão que se coloca, e que de resto todas as indicações precedentes de Freud nos permitem produzir agora, é – *O que é que desperta?* Não será, no sonho, uma outra realidade? – aquela realidade que Freud nos descreve assim – *Dass das kind an seinem Bette steht*, que a criança está perto de sua cama, *ihn am Arme fasst*, pega-o pelo braço e lhe murmura em tom de reproche *und ihm vorwurfsvoll zuraunt: Vater, siehst du denn nicht*, Pai, não vês, *dass ich verbrenne*, que estou queimando?
>
> Há mais realidade, não é, nesta mensagem, do que no ruído pelo qual o pai também identifica a estranha realidade do que se passa na peça vizinha. Não será que nessas palavras passa a realidade faltosa que causou a morte da criança?[21]

Assim, não foi a intrusão da realidade externa que despertou o infeliz pai, mas o caráter intoleravelmente traumático do que ele encontrou no sonho – na medida em que "sonhar" significa fantasiar para evitar o confronto com o real, o pai literalmente acordou para que pudesse continuar sonhando. O cenário foi o seguinte: quando a fumaça perturbou seu sono, o pai rapidamente construiu um sonho que incorporava o elemento perturbador (fumaça-fogo) para prolongar seu sono; no entanto, aquilo com que se defrontou no sonho foi um trauma (sua responsabilidade pela morte do filho) muito mais forte que a realidade, de modo que despertou para a realidade a fim de evitar o real.

Na arte contemporânea, encontramos muitas vezes tentativas brutais de "retorno ao real", para lembrar o espectador (ou leitor) de que ele está percebendo uma ficção, para despertá-lo do doce sonho. Esse gesto assume duas formas principais que, embora opostas, produzem o mesmo efeito. Na literatura ou no cinema, há (especialmente em textos pós-modernos) lembretes autorreflexivos de que o que estamos vendo é mera ficção, como quando os atores na tela dirigem-se diretamente a nós como espectadores, arruinando assim a ilusão do espaço autônomo da ficção narrativa, ou quando o escritor intervém diretamente na narrativa através de comentários irônicos. No teatro, há eventos brutais ocasionais que nos despertam para a realidade do palco (como matar um frango em cena). Em vez de conferir a esses gestos uma espécie de dignidade brechtiana, percebendo-os como versões de alienação, deveríamos antes denunciá-los pelo que são: o exato oposto do que pretendem ser – *fugas do real*, tentativas desesperadas de evitar o real da própria ilusão, o real que emerge sob a aparência de um espetáculo ilusório.

O que temos diante de nós aqui é a ambiguidade fundamental da noção de fantasia: embora a fantasia seja o crivo que nos protege do encontro com o real, a própria fantasia, no que tem de mais fundamental – o que Freud chamou de "fantasia fundamental", que fornece as coordenadas mais elementares da capacidade de desejar do sujeito –, nunca pode ser subjetivada, e tem de permanecer recalcada para funcionar. Lembremos a conclusão aparentemente vulgar do filme *De olhos bem fechados*, de Stanley Kubrick. Depois que Tom Cruise confessa sua aventura noturna a Nicole Kidman e ambos se confrontam com o excesso de suas fantasias, Kidman – certificando-se de que agora eles estão inteiramente acordados, de volta ao dia, e que, se não para sempre, pelo menos por um bom tempo, ficarão ali, evitando a fantasia – lhe diz que eles têm de fazer uma coisa assim que possível. "O quê?" pergunta ele, e a resposta dela é: "Trepar." Fim do filme, os créditos finais rolam na tela. A natureza da *passage à l'acte* ("passagem ao ato") como a falsa saída, a maneira de evitar enfrentar o horror do inferno, nunca foi tão rudemente exposta num filme: longe de lhes fornecer uma satisfação física na vida real que suplantará a fantasia vazia, a passagem ao ato é apresentada como um tapa-buraco, uma medida preventiva desesperada destinada a evitar o inferno espectral das fantasias. É como se a mensagem dela fosse: "Vamos trepar agora mesmo, e depois podemos recalcar nossas abundantes fantasias, antes que elas nos esmaguem de novo." O chiste de Lacan sobre acordar para a realidade como uma fuga do real encontrado no sonho se aplica ao próprio ato sexual melhor que a qualquer outra coisa: não sonhamos sobre trepar quando não somos capazes de fazê-lo; antes, trepamos para escapar do poder exorbitante do sonho e sufocá-lo, pois de outro modo ele nos esmagaria. Para Lacan a tarefa ética máxima é a do verdadeiro despertar: não somente do sono, mas do feitiço da fantasia que nos controla ainda mais quando estamos acordados.

4. Dificuldades com o real: Lacan como espectador de *Alien*

De cada vez que se rompem as membranas do ovo de onde vai sair o feto em passo de se tornar um neonato, imaginem por um instante que algo se volatiliza, que com um ovo se pode fazer tanto um homem quanto um homelete, ou a lâmina.

A lâmina é algo de extrachato que se desloca como a ameba. Simplesmente, é um pouco mais complicado. Mas isso passa por toda parte. E como é algo – já lhes direi por quê – que tem relação com o que o ser sexuado perde na sexualidade, é, como o é a ameba em relação aos seres sexuados, imortal. Porque sobrevive a qualquer divisão, porque sobrevive a qualquer intervenção cissípara. E corre.

Muito bem! Isso não é tranquilizador. Suponham apenas que isso lhes venha envolver o rosto enquanto vocês dormem tranquilamente...

Vejo mal como não entraríamos em luta com um ser capaz dessas propriedades. Mas não seria uma luta cômoda. Essa lâmina, esse órgão, que tem por característica não existir, mas que não é por isso menos um órgão – eu lhes poderia dar maior desenvolvimento sobre esse lugar zoológico – é a libido.

É a libido, enquanto puro instinto de vida, quer dizer, de vida imortal, de vida irrepreensível, de vida que não precisa, ela, de nenhum órgão, de vida simplificada e indestrutível. É o que é justamente subtraído ao ser vivo pelo fato de ele ser submetido ao ciclo da reprodução sexuada. E é disso aí que são os representantes, os equivalentes, todas as formas que se podem enumerar do objeto *a*.*

Cada palavra tem um peso aqui; nesta descrição enganosamente poética da criatura mítica chamada por Lacan de a "lâmina", um órgão que dá corpo à libido. Lacan imagina a lamela como uma versão do que Freud chamou de "objeto parcial": um estranho órgão que é magicamente autonomizado, sobrevivendo sem o corpo do qual deveria ter sido um órgão, como a mão que perambula sozinha em antigos filmes surrealistas, ou o sorriso em *Aventuras de Alice no País das Maravilhas*, que persiste sozinho, mesmo quando o corpo do Gato de Cheshire não está mais presente: "'Está bem', disse o Gato; e dessa vez desapareceu bem devagar, começando pela ponta da cauda e terminando com o sorriso, que persistiu algum tempo depois que o resto de si fora embora. 'Bem! Já vi muitas vezes um gato sem sorriso', pensou Alice; 'mas um sorriso sem gato! É a coisa mais curiosa que já vi na minha vida!'" A lamela é uma entidade de pura superfície, sem a densidade de uma substância, um objeto infinitamente plástico que pode mudar incessantemente de forma, e até se transpor de um meio

* Jacques Lacan, *O Seminário*, livro 11, *Os quatro conceitos fundamentais da psicanálise*, Rio de Janeiro, Zahar, 1985, p.186. Aqui está um caso de como, ao ler Lacan, deveríamos passar de um seminário para o *écrit* correspondente – o *écrit* que corresponde ao *Seminário XI* é "Posição do inconsciente", que contém uma formulação muito densa, mas também muito precisa, do mito da "lamela". *L'Objet petit a* (o objeto *a*, onde "*a*" representa "o outro", o "objeto pequeno outro" – segundo o desejo de Lacan, muitas vezes a expressão não é traduzida) é um neologismo de Lacan com múltiplos significados. Principalmente, designa o objeto-causa de desejo: não diretamente o objeto de desejo, mas aquilo que, no objeto que desejamos, faz com que o desejemos.

para outro: imagine um "algo" que é primeiro ouvido como um som estridente e depois pula como um corpo monstruosamente distorcido. Uma lamela é indivisível, indestrutível e imortal – mais precisamente, morta-viva no sentido que esse termo tem na ficção de horror: não a sublime imortalidade do espírito, mas a imortalidade obscena dos "mortos-vivos", que, depois de cada aniquilação, se reconstituem e seguem caminhando tropegamente. Como Lacan o expressa, a lamela não existe, ela insiste: é irreal, uma entidade de pura aparência, uma multiplicidade de aparências que parece envolver um vazio central – seu status é puramente fantasístico. A insistência cega, indestrutível da libido é o que Freud chamou de "pulsão de morte", e aqui deveríamos ter em mente que "pulsão de morte" é, paradoxalmente, o nome freudiano para seu próprio oposto, para o modo como a imortalidade aparece dentro da psicanálise – para um estranho excesso de vida, um ímpeto morto-vivo que persiste além do ciclo (biológico) de vida e morte, geração e corrupção. Freud equipara a pulsão de morte à chamada "compulsão de repetição", um estranho ímpeto de repetir experiências passadas penosas que parece superar as limitações naturais do organismo afetado por ele e persistir mesmo depois da morte do organismo. A ligação entre a pulsão de morte e o objeto parcial é claramente retratada no conto de fadas de Andersen "Os sapatos vermelhos", a história de uma menina que calça sapatos mágicos que se movem por si sós e a compelem a dançar sem parar. Os sapatos representam a pulsão incondicional da menina, que persiste, ignorando todas as limitações humanas, de tal modo que o meio que a pobre menina tem para se livrar deles é cortando as suas pernas fora.

Para qualquer frequentador ávido de cinemas, é difícil evitar a sensação de que já se viu tudo isso antes. A descrição de Lacan não nos lembra apenas das criaturas pesadelares dos filmes de horror; mais especificamente, ela pode ser lida, ponto por ponto, como descrevendo uma película filmada mais de uma década depois que ele escreveu essas palavras: *Alien, o oitavo passageiro*, de Ridley Scott. A monstruosa criatura alienígena no filme assemelha-se tanto à lamela de Lacan que é como se Lacan de algum modo tivesse visto o filme antes que fosse feito. Tudo sobre o que Lacan fala está lá: o monstro parece indestrutível; se o cortamos em pedaços, ele meramente se multiplica; é algo extraplano que de repente levanta voo e envolve nosso rosto; com infinita plasticidade, pode assumir um sem-número de formas; nele, a pura animalidade má se sobrepõe à insistência cega maquinal. O alienígena é libido como pura vida, indestrutível e imortal. Para citar Stephen Mulhall:

> A forma de vida do alienígena é (apenas, meramente, simplesmente) vida, vida como tal: é menos uma espécie particular que a essência do que significa ser uma espécie, ser uma criatura, um ser natural – é natureza encarnada ou sublimada, uma corporificação pesadelar do reino natural entendido como inteiramente subordinado às pulsões darwinianas entrelaçadas de sobreviver e reproduzir-se e inteiramente esgotado por elas.[22]

Embora não possa ser representada como é em sua monstruosidade, a lamela permanece dentro do domínio do imaginário, ainda que como um tipo de imagem que se esforça para esticar a imaginação até a própria fronteira do irrepresentável. A lamela habita a interseção do imaginário com o real: representa o real em sua mais aterrorizante dimensão imaginária, como o abismo primordial que devora tudo, dissolvendo todas as identidades – uma figura muito conhecida em literatura em suas múltiplas roupagens, desde o *maelström* de Edgar Allan Poe e o "horror" de Kurtz no fim de *O coração das trevas* de Conrad, até Pip de *Moby Dick*, de Melville, que, lançado ao fundo do oceano, experimenta o demônio Deus:

> ... as profundezas maravilhosas, onde as formas estranhas do mundo primitivo intacto passavam de um lado para outro diante de seus olhos passivos ... Pip viu as multidões de insetos de corais, deuses onipresentes, que do firmamento das águas seguravam os orbes colossais. Viu o pé de Deus no pedal do tear e falou com ele; e por isso seus companheiros de bordo consideraram-no louco.[23]

Esse real da lamela deve ser oposto ao modo científico do real. Para aqueles habituados a rejeitar Lacan como apenas mais um relativista "pós-moderno", isto pode ser uma surpresa: ele é resolutamente antipós-moderno, contrário a qualquer concepção da ciência como apenas mais uma história que contamos para nós mesmos sobre nós mesmos, uma narrativa cuja aparente supremacia sobre outras – míticas, artísticas – é fundada unicamente no "regime de verdade" (para usar uma expressão popularizada por Michel Foucault) ocidental e historicamente contingente. Para Lacan, o problema é que esse real científico

> é justamente aquele que nos falta por inteiro. Estamos completamente separados dele. ... Nunca chegaremos ao cabo da relação entre esses falasseres que sexuamos como macho e esses falasseres que sexuamos como mulher.[24]

A ideia que sustenta esta passagem é muito mais complexa do que pode parecer, de modo que temos de ser muito precisos aqui. O que separa a nós humanos do "real real" visado pela ciência, o que o torna inacessível para nós? Não é nem a teia de aranha do imaginário (ilusões, mal-entendidos), que distorce o que percebemos, nem a "muralha da linguagem", a rede simbólica através da qual nos relacionamos com a realidade, mas um outro real. Esse real é para Lacan o real inscrito no próprio cerne da sexualidade humana: "Não há relação sexual." A sexualidade humana é marcada por um fracasso irredutível, a diferença sexual é o antagonismo das duas posições sexuais entre as quais não há denominador comum, o gozo só pode ser obtido contra o pano de fundo de uma perda fundamental. O mito da lamela apresenta a entidade fantasística que dá corpo ao que um ser vivo perde quando entra no regime (simbolicamente regulado) da diferença sexual. Como um dos nomes freudianos para essa perda é "castração", podemos dizer também que a lamela é uma espécie de anverso positivo da castração: o resto não castrado, o objeto parcial indestrutível amputado do corpo vivo apanhado na diferença sexual.

A conclusão a ser extraída é que o real lacaniano é uma categoria muito mais complexa que a ideia de um "núcleo duro" transistórico que sempre escapa à simbolização; ele nada tem a ver com o que o idealista alemão Immanuel Kant chamou de a "coisa em si", a realidade tal como ela é lá fora, independentemente de nós, antes de ser distorcida por nossas percepções: "Não é absolutamente kantiana. Aliás, é no que insisto. Se há noção de real, ela é extremamente complexa, e, a esse título, é não apreensível, não apreensível de uma forma que faria um todo. Seria uma noção incrivelmente antecipatória pensar que haja um todo do real."[25] Como, então, podemos encontrar nosso caminho e introduzir alguma clareza nesse enigma dos reais? Comecemos com o sonho de Freud da injeção de Irma, escolhido por ele para abrir seu *magnum opus*, *A interpretação dos sonhos*.

O "pensamento latente" desse sonho expressa o sentimento de culpa e responsabilidade de Freud pelo fracasso de seu tratamento de Irma, uma jovem paciente sua. A primeira parte do sonho, a confrontação de Freud com Irma, termina com ele examinando o fundo da garganta dela; o que ele vê ali apresenta o real sob o aspecto da carne primordial, a palpitação da substância da vida como a própria Coisa, em sua dimensão abominável de um crescimento canceroso. A segunda parte do sonho, a conversa cômica entre os três médicos, amigos de Freud, que oferecem diferentes desculpas para o fracasso do tratamento, termina com uma fórmula química (de trimetilamina) em destaque. Cada parte, assim, termina como uma figuração do real: primeiro, o real da lamela, da aterrorizante e disforme Coisa; depois o real científico, o real de uma fórmula que expressa o funcionamento automático e insensato da natureza. A diferença depende do diferente ponto de partida: se começamos como imaginário (a confrontação especular de Freud e Irma), obtemos o real em sua dimensão imaginária, a horripilante imagem primordial que cancela a própria imaginação; se começamos com o simbólico (a discussão entre os três médicos), obtemos linguagem privada da riqueza de seu sentido humano, transformada no real de uma fórmula sem sentido.

Mas a história não acaba aí. A estes dois reais, temos de acrescentar um terceiro, aquele de um misterioso *je ne sais quoi*, o insondável "algo" que torna um objeto comum sublime – o que Lacan chamou de *l'objet petit a* (o objeto *a*). Nos filmes de horror de ficção científica, há uma figura do alienígena oposta à do monstro irrepresentável e devorador do *Alien* de Scott, uma figura imortalizada em toda uma série de filmes dos anos 50 cujo representante mais famoso é *Vampiros de almas*. Um americano comum está dirigindo em algum lugar na zona rural quando seu carro enguiça e ele vai pedir ajuda na cidadezinha mais próxima. Logo ele percebe que algo de estranho está acontecendo na cidade – as pessoas estão se comportando de modo estranho, como se não fossem completamente elas mesmas. Fica claro para ele que a cidade foi controlada por alienígenas que penetraram corpos humanos e os colonizaram, controlando-os a partir de dentro: embora os alienígenas pareçam seres humanos e ajam exatamente como eles, há em geral um pequenino detalhe que revela sua verdadeira natureza (um lampejo estranho nos olhos; pele demais entre seus dedos ou entre as orelhas e as cabeças). Esse detalhe é o objeto *a* lacaniano, um traço pequenino cuja presença transubstancia magicamente seu portador num alienígena. Em contraste com o alienígena de Scott, que é totalmente diferente de seres humanos, a diferença aqui é mínima, quase imperceptível. Não estaríamos lidando com a mesma coisa em nosso racismo habitual? Embora estejamos dispostos a aceitar o judeu, o árabe, o outro oriental, há algum detalhe que não deixa de nos incomodar, a nós ocidentais: o modo como acentuam uma certa palavra, o modo como contam dinheiro, o modo como riem. Esse pequenino traço os torna alienígenas, por mais que tentem se comportar como nós.

Temos de distinguir aqui entre o objeto *a* como a causa de desejo e o objeto de desejo: enquanto o objeto de desejo é simplesmente o objeto desejado, a causa de desejo é o traço em razão do qual desejamos o objeto, algum detalhe ou tique de que em geral somos inconscientes, e que por vezes até percebemos incorretamente como um obstáculo apesar do qual desejamos o objeto. Esta distinção lança uma nova luz sobre a tese de Freud de que um melancólico não tem consciência do que perdeu no objeto perdido. O melancólico não é fundamentalmente o sujeito fixado no objeto perdido, incapaz de realizar o trabalho do luto sobre ele; é antes o sujeito que possui o objeto, mas perdeu seu desejo por ele, porque a causa que o fazia desejar esse objeto se retirou e perdeu sua eficiência. Longe de acentuar ao extremo a situação de desejo frustrado, a melancolia ocorre quando finalmente obtemos o objeto de desejo, mas nos decepcionamos com ele.

Nesse sentido preciso, a melancolia (decepção com todos os objetos positivos, empíricos, nenhum dos quais pode satisfazer nosso desejo) é o início da filosofia. Uma pessoa que, durante toda a sua vida, está acostumada a viver numa certa cidade e é finalmente obrigada a se mudar para outro lugar, sente-se, é claro, entristecida pela perspectiva de ser lançada num ambiente novo – mas o que a deixa triste? Não é a perspectiva de deixar o lugar que durante anos foi o seu lar, mas o medo muito mais sutil de perder sua afeição por esse lugar. O que me deixa triste é a crescente consciência de que, cedo ou tarde – mais cedo do que estou disposto a admitir –, vou me integrar numa nova comunidade, esquecendo o lugar que agora tanto significa para mim e sendo esquecido por ele. Em suma, o que me deixa triste é a consciência de que perderei meu desejo pelo (que agora é) meu lar.

O status desse objeto-causa de desejo é o de uma anamorfose. Uma parte da imagem que, olhada bem de frente, aparece como um borrão sem sentido, assume os contornos de um objeto conhecido quando mudamos de posição e olhamos a imagem de viés. A ideia de Lacan é ainda mais radical: o objeto-causa de desejo é algo que, visto de frente, não é coisa alguma, apenas um vazio: só adquire os contornos de alguma coisa quando visto de esguelha. O mais belo exemplo na literatura ocorre quando, no *Ricardo II* de Shakespeare, Bushy tenta consolar a Rainha, preocupada com o infeliz Rei numa campanha militar:

> Each substance of a grief hath twenty shadows,
> Which shows like grief itself, but is not so;
> For sorrow's eye, glazed with blinding tears,
> Divides one thing entire to many objects;
> Like perspectives, which rightly gazed upon
> Show nothing but confusion, eyed awry
> Distinguish form: so your sweet majesty,
> Looking awry upon your lord's departure,
> Find shapes of grief, more than himself, to wail;
> Which, look'd on as it is, nought but shadows
> Of what it is not.*

---

* *A tragédia do rei Ricardo II*, Ato II, Cena II. Tradução livre: "Cada grão de uma tristeza tem vinte sombras/ que se parecem com a própria tristeza, mas não a são./ Pois os olhos da tristeza, embaçados por lágrimas que cegam,/ partem em muitos o que é inteiro./ Como perspectivas que olhadas de frente/ mostram apenas confusão e que de viés/ distinguimos formas, assim vós, doce majestade,/ olhando de viés a partida de vosso senhor,/ Mais que ele vedes formas de tristeza a lastimar –/ as quais, se bem-vistas, são apenas sombras/ do que não são." (N.T.)

Isso é *objeto a*: uma entidade que não tem nenhuma consistência substancial, que em si mesma não é "nada senão confusão", e que só adquire uma forma definida quando olhada de um ponto de vista enviesado pelos desejos e medos do sujeito – como tal, uma mera sombra do que não é (*"shadow of what is not"*). *Objeto a* é o estranho objeto que não é nada senão a inscrição do próprio objeto no campo dos objetos, sob a aparência de um borrão que só ganha forma quando parte desse campo é anamorficamente distorcida pelo desejo do sujeito. Não esqueçamos que a mais famosa anamorfose na história da pintura, a tela *Os embaixadores*, de Holbein, diz respeito à morte: quando olhamos do ângulo lateral adequado para o borrão anamorficamente estendido na parte inferior da pintura, posto entre objetos da vaidade humana, ele revela ser uma caveira. As palavras de consolo de Bushy podem ser lidas junto com o monólogo posterior, em que ele situa a Morte no vazio, no meio da coroa real oca, como o bufão-mestre que nos deixa fingir que somos reis e gozar nossa autoridade, somente para furar nossa forma inflada com uma agulha e nos reduzir a nada.

> for within the hollow crown
> That rounds the mortal temples of a king
> Keeps Death his court and there the antic sits,
> Scoffing his state and grinning at his pomp,
> Allowing him a breath, a little scene,
> To monarchize, be fear'd and kill with looks,
> Infusing him with self and vain conceit,
> As if this flesh which walls about our life,
> Were brass impregnable, and humour'd thus

Comes at last and with a little pin
Bores through his castle wall, and farewell king!*

Costuma-se dizer que Ricardo tem dificuldade em aceitar a distinção entre "os dois corpos do rei" e em aprender a viver como um ser humano comum despido do carisma real. A lição da peça, no entanto, é que essa operação, por mais simples e elementar que pareça, é de execução em última análise impossível. Para expressá-lo sucintamente, Ricardo começa a perceber sua realeza como um efeito de anamorfose, uma "sombra de nada"; contudo, livrar-nos desse espectro insubstancial não nos deixa com a realidade simples do que efetivamente somos – é como se não pudéssemos simplesmente contrapor a anamorfose do carisma e a realidade substancial, como se toda realidade fosse um efeito de anamorfose, uma "sombra de nada", e o que obtivéssemos ao olhar para isso de frente fosse um nada caótico. O que podemos obter então depois que somos despojados de identificações simbólicas, "desmonarquizados", é nada. A figura da Morte no meio da coroa não é simplesmente morte, mas o próprio sujeito reduzido ao vazio, a posição de Ricardo quando, ante a exigência de renunciar à coroa, responde basicamente: "Não conheço nenhum 'eu' para fazê-lo!"**

* *A tragédia do rei Ricardo II*, Ato II, Cena II. Tradução livre: "Pois dentro da coroa vazia/ Que cerca os templos mortais de um rei/ A morte tem corte e trono/ Zomba de sua majestade e de sua pompa,/ Concedendo-lhe um respiro,/ Uma pequena cena/ Em que ele é o monarca, temido, e mata só com o olhar/ Infundindo-lhe o vão conceito de si/ Como se essa carne que nos serve de muro na vida/ Fosse de aço. E então, rindo-se/ Ela por fim chega e, com um pequeno alfinete/ Penetra a muralha do castelo – e adeus rei!" (N.T.)
** Em inglês "I know no 'I'", homófono de "Ay, no; no ay", "Sim, não; não, sim", o início da resposta do rei Ricardo, na citação que se segue. Ver também adiante. (N.T.)

HENRY BOLINGBROKE – Are you contented to resign the crown?
KING RICHARD II – Ay, no; no, ay; for I must nothing be;
Therefore no 'no', for I resign to thee,
Now, mark me how I will undo myself;
I give this heavy weight from off my head
And this unwieldy sceptre from my hand…*

Esta resposta aparentemente confusa para a pergunta de Bolingbroke funda-se num raciocínio complexo, baseado num exercício brilhante do que Lacan chamou pelo neologismo alíngua (*lalangue*): a linguagem como o espaço de prazeres ilícitos que se opõem a toda normatividade – a caótica multidão das homonímias, dos jogos de palavras, das ligações metafóricas "irregulares" e ressonâncias). Ela joga com maneiras diferentes para escrever (e compreender) o que em inglês pronunciamos igual. "*Ay, no; no, ay*", as palavras de Ricardo, podem ser interpretadas simplesmente como uma negativa redobrada, acompanhada pelo "*ay*" exclamatório ("Ai, não; não, ai"). Na medida em que o sentido mais comum de "*ay*" em Shakespeare é "*yes*", elas podem ser lidas como indicando oscilação: "Sim, não; não, sim." Ou, se compreendermos "*ay*" como "*I*" [eu], elas podem também ser lidas como uma negativa, mas desta vez baseada numa negação da própria existência do eu, uma forma condensada de "*I (say) no (because there is) no I (to do it)*" ["Eu (digo) não (porque não há) nenhum eu (para

* *A tragédia do rei Ricardo II*, Ato IV, Cena I. Tradução livre: "BOLINGBROKE: Ficais contente em resignar o trono?/ REI RICARDO: Sim, não; não, sim, pois tenho de ser nada,/ e então "não" não, pois abdico de ti/ Reparai então como me desfaço;/ Tiro este peso de minha cabeça/ E este cetro sem mando de minha mão…" (N.T.)

fazê-lo)"]. A mesma ideia pode ser defendida na terceira leitura, que compreende isso como (uma homofonia de) "I know no I" ["Não conheço nenhum eu"]: "Tu queres que eu faça isso, mas como queres que eu seja nada, que eu me anule inteiramente? Como eu posso fazê-lo? Em tal situação, não há nenhum eu para fazê-lo, para dar-te a coroa!" Podemos também traduzir este diálogo para um idioma moderno, à maneira das famigeradas e por vezes deliciosas versões que Alan Durband faz de Shakespeare para o inglês vernáculo de hoje:

> HENRIQUE – Estou farto desse papo! Quero uma resposta clara: você vai me dar a coroa? Sim ou não?
>
> RICARDO – Não e não, não não! Tá, se você insiste, eu dou, mas primeiro gostaria de chamar a sua atenção para um pequeno problema: sua exigência envolve um paradoxo pragmático insustentável! Você quer que eu lhe dê a coroa e assim faça de você um legítimo soberano, mas a própria situação em que me põe me reduz a nada e a ninguém, privando-me portanto da própria autoridade que tornaria o gesto que você quer que eu execute um performativo eficaz! Assim, como você manda e me tem em seu poder, por que não?, vou lhe dar a maldita coroa – mas aviso: este meu ato é meramente um gesto físico, não um verdadeiro performativo que faria de você um rei!

Há uma cena memorável em *Luzes da cidade*, uma das obras-primas absolutas de Charlie Chaplin. Depois de engolir um apito por engano, o Vagabundo sofre um ataque de soluço, o que leva a um desfecho cômico. Por causa do movimento do ar em seu estômago, cada soluço gera um estranho som de apito vindo de dentro do corpo. Embaraçado, o Vagabundo tenta desesperadamente disfarçar esses sons, não sabendo o que fazer. Não temos nessa cena a representação da vergonha em sua forma mais pura? Sinto vergonha quando sou confrontado com o excesso de meu corpo, e é significativo que a fonte da vergonha nesta cena seja um som: um som espectral que emana de dentro de meu corpo, o som como um órgão autônomo sem corpo, localizado no próprio âmago de meu corpo e ao mesmo tempo incontrolável, como uma espécie de parasita, um intruso estrangeiro.

O que tudo isto quer dizer é que para Lacan o real, em sua forma mais radical, tem de ser totalmente dessubstancializado. Ele não é uma coisa externa que resista a se deixar apanhar na rede simbólica, mas as fissuras dentro dessa própria rede simbólica. O real como a Coisa monstruosa atrás do véu das aparências é o chamariz supremo que se presta facilmente à apropriação da Nova Era, como na noção do Deus monstruoso de Joseph Campbell:

> Por monstro refiro-me a alguma presença ou aparição horrenda que explode todos os seus padrões de harmonia, ordem e conduta ética... É Deus no papel do destruidor. Essas experiências vão além dos juízos éticos. Isso é exterminado... Deus é horrível.[26]

O que é o chamariz aqui? A propósito da noção do real como a Coisa substancial, Lacan leva a cabo uma inversão que pode ser iluminada pela passagem da teoria especial para a teoria geral da relatividade em Einstein. Embora já introduza a noção de espaço curvo, a teoria especial concebe essa curvatura como efeito da matéria; é a presença de matéria que curva o espaço, i.e., somente um espaço vazio não seria curvo. Com a passagem para a teoria geral, a causalidade é invertida: longe de *causar* a curvatura do espaço, a matéria é seu *efeito* e a presença de matéria indica que o espaço é curvo. O que tudo isto pode ter a ver com psicanálise? Muito mais do que parece: de um modo que faz eco a Einstein, para Lacan o real – a Coisa – é menos a presença inerte que curva o espaço simbólico (introduzindo nele lacunas e incoerências) que um efeito dessas lacunas e incoerências.

Isso nos leva de volta a Freud, que, no desenvolvimento de sua teoria do trauma, mudou sua posição de maneira estranhamente homóloga à mudança de Einstein mencionada acima. Freud começou com a noção de trauma como algo que, a partir de fora, invade nossa vida psíquica e perturba seu equilíbrio, desconjuntando as coordenadas simbólicas que organizam nossa experiência – pense num estupro brutal, ou no testemunho (ou padecimento) de uma tortura. Dessa perspectiva, o problema é como simbolizar o trauma, como integrá-lo em nosso universo de significado e cancelar seu impacto desorientador. Mais tarde, Freud optou pela abordagem oposta. Sua análise do Homem dos Lobos, seu famoso paciente russo, isolou como o evento traumático precoce que marcou a vida do paciente o fato deste, quando era uma criança de um ano e meio, ter testemunhado, entre os pais, um *coitus a tergo* (ato sexual em que o homem penetra a mulher por detrás). No entanto, originalmente, quando essa cena ocorreu, nada houve de traumático nela: longe de ser gravemente perturbada por ela, a criança apenas a inscreveu em sua memória como um evento cujo sentido não estava claro para ela. Somente anos mais tarde, quando ficou obcecada pela questão: "De onde vêm os bebês?" e começou a desenvolver teorias sexuais infantis, a criança lançou mão dessa lembrança para usá-la como uma cena traumática corporificando o mistério da sexualidade. Apenas retroativamente a cena foi traumatizada, elevada a um real traumático, para ajudar a criança a enfrentar o impasse de seu universo simbólico (sua incapacidade de encontrar respostas para o enigma da sexualidade). Em conformidade com a mudança de Einstein, o fato original é aqui o impasse simbólico, e o evento traumático é ressuscitado para preencher as lacunas no universo do significado.

Não é exatamente a mesma coisa que se aplica ao real de um antagonismo social? O antissemitismo "reifica" (corporificando-o num grupo particular de pessoas) o antagonismo inerente à sociedade: ele trata a judeidade como a Coisa que, a partir de fora, invade o corpo social e perturba seu equilíbrio. O que acontece na mudança da posição de estrita luta de classes para o antissemitismo fascista não é apenas uma simples substituição de uma figura do inimigo (burguesia, a classe dominante) por outra (judeus); a lógica da luta é totalmente diferente. Na luta de classes, as próprias classes fazem parte de um antagonismo que é inerente à estrutura social, ao passo que, para o antissemita, o judeu é um intruso estrangeiro que causa antagonismo social, de modo que, para restaurar a harmonia social, a única coisa que precisamos fazer é aniquilar os judeus. Ou seja, exatamente como o Homem dos Lobos quando criança ressuscitou a cena do coito parental para organizar suas teorias sexuais infantis, um antissemita fascista transforma o judeu na Coisa monstruosa que causa decadência social.

Lacan recorre frequentemente ao real científico e evoca exemplos das "ciências naturais" para elucidar os enigmas do real psicanalítico. Pretendem essas referências ser meramente metáforas, empréstimos didáticos sem nenhum valor cognitivo inerente, ou envolvem uma ligação teórica entre os dois domínios? Embora Lacan tenda a subestimar os empréstimos, reduzindo-os a instrumentos didáticos, o caso é muitas vezes mais ambíguo.

Tomemos a caracterização que Lacan faz das "ciências naturais" como tratando do que ele chama de *savoir dans le réel* (saber no real): é como se houvesse um conhecimento das leis da natureza inscrito diretamente no real dos objetos e processos naturais – por exemplo, uma pedra "sabe" a que leis da gravidade obedecer quando está caindo. Pode parecer que aí reside a diferença entre natureza e história: na história humana, "leis" são normas que podem ser esquecidas ou desobedecidas de outra maneira. O efeito cômico de uma cena arquetípica de cartuns depende precisamente da confusão entre esses dois níveis: um gato caminha no ar no alto de um penhasco; ele só cai depois que olha para baixo e percebe que não há nenhum suporte sob os seus pés – como se tivesse esquecido momentaneamente as leis naturais a que seu corpo tem de obedecer e precisasse ser lembrado. No entanto, para passar da comédia para a tragédia, quando um regime político se desintegra na realidade histórica, não podemos, em linhas similares, distinguir entre suas duas mortes, simbólica e real? Há épocas estranhas em que um regime, durante um período limitado, persiste no poder, embora seu tempo esteja claramente terminado, como se continuasse vivendo porque não percebe que está morto. Como Hegel escreveu, Napoleão teve de ser derrotado duas vezes para entender o que importava: sua primeira derrota em 1813 ainda pôde ser tomada como um mero acidente da história; é somente sua derrota repetida em Waterloo que comprova como sua morte expressa uma necessidade histórica mais profunda.

Seriam esses paradoxos realmente o domínio exclusivo da história humana? Em seu nível mais audacioso, a física quântica parece admitir exatamente um paradoxo de cartum como esse, a suspensão momentânea, o "esquecimento", do saber no real. Imagine que você tem de pegar um avião no dia "x" para receber uma fortuna no dia seguinte, porém não tem dinheiro para comprar a passagem; mas então você descobre que o sistema de contabilidade da companhia aérea é tal que se você enviar o pagamento da passagem dentro de 24 horas depois da chegada ao seu destino, ninguém jamais saberá que ela não foi paga antes da partida. De modo semelhante:

> ...a energia que uma partícula tem pode flutuar enormemente contanto que essa flutuação se dê numa escala de tempo suficientemente curta. Assim, da mesma maneira que o sistema de contabilidade da companhia aérea lhe "permite" "tomar emprestado" o dinheiro para uma passagem área, contanto que você o restitua de maneira suficientemente rápida, a mecânica quântica permite a uma partícula "tomar emprestada" energia, contanto que possa abandoná-la dentro de um período determinado pelo princípio da incerteza de Heisenberg ... Mas a mecânica quântica nos obriga a levar a analogia um passo adiante. Imagine alguém que toma empréstimos compulsivamente e vai de amigo em amigo pedindo dinheiro ... Tomar emprestado e restituir, tomar emprestado e restituir – muitas e muitas vezes, com persistente intensidade, ele pede dinheiro somente para devolvê-lo logo depois ... numa lógica similar, um frenético deslocamento de energia e impulso para cá e para lá está ocor-

> rendo perpetuamente no universo das distâncias e intervalos de tempo microscópicos.[27]

É assim que, mesmo numa região vazia do espaço, uma partícula emerge do Nada, tomando sua energia "emprestada" do futuro e pagando por ela (com sua aniquilação) antes que o sistema perceba esse empréstimo. Toda a rede pode funcionar assim, num ritmo de empréstimo e aniquilação, um tomando emprestado do outro, transferindo a dívida para o outro, adiando o pagamento da dívida. O que isso pressupõe é um intervalo mínimo entre as coisas em sua realidade bruta imediata e o registro dessa realidade em algum meio (do grande Outro): podemos trapacear na medida em que o segundo evento seja atrasado em relação ao primeiro. O que torna a física quântica tão estranha é que podemos trapacear "na realidade", com nosso próprio ser.

O grande contraponto à física quântica, a teoria da relatividade de Einstein, também oferece paralelos inesperados com a teoria lacaniana. O ponto de partida da teoria da relatividade é o estranho fato de que, para cada observador, qualquer que seja a direção em que se move ou a rapidez com que o faz, a luz se move na mesma velocidade; de maneira análoga, para Lacan, quer o sujeito desejante se aproxime de seu objeto de desejo ou fuja dele, esse objeto parece permanecer à mesma distância dele. Quem não se lembra da situação pesadelar em sonhos: quanto mais corro, mais fico plantado no mesmo lugar? Esse paradoxo pode ser elegantemente resolvido pela diferença entre o objeto e a causa de desejo: por mais que eu me aproxime do objeto de desejo, sua causa permanece distante, elusiva. Além disso, a teoria geral da relatividade soluciona a antinomia entre a relatividade de cada momento com relação ao observador e a velocidade absoluta da luz – que se move a uma velocidade constante independentemente do ponto de observação – com a noção de espaço curvo. De forma paralela, a solução freudiana para a antinomia entre a aproximação ou a fuga do sujeito de seus objetos de desejo e a "velocidade constante" (e distância dele) do objeto-causa de desejo reside no *espaço curvo do desejo*: por vezes o caminho mais curto para realizar um desejo é evitar o objeto-meta, fazer um desvio, adiar seu encontro. O que Lacan chama de objeto *a* é o agente desse encurvamento: o insondável X que faz com que, quando nos confrontamos com o objeto de nosso desejo, obtenhamos mais satisfação ao dançar em torno deste que nos dirigindo diretamente a ele.

A física de hoje está presa numa estranha dualidade: a teoria da relatividade dá a melhor explicação do modo como a natureza funciona no nível macroscópico (cósmico), e a física quântica dá a melhor explicação do modo como ela funciona no nível microscópico (subatômico). O problema é que as duas teorias são simplesmente incompatíveis, de modo que o objetivo central da física de hoje é formular uma teoria "unificada" de tudo que possa conciliar as duas. Não ficaríamos surpresos, portanto, se encontrássemos um eco dessa dualidade na teoria de Freud: por um lado a hermenêutica do inconsciente, interpretações de sonhos, atos falhos ou outros "erros" desse tipo, sintomas (exemplificados nas três obras-primas iniciais de Freud: *A interpretação dos sonhos*, *A psicopatologia da vida cotidiana* e *Chistes e sua relação com o inconsciente*); por outro lado, uma explicação mais positivista de nosso aparelho psíquico como uma máquina para lidar com energias libidinais, produzindo as metamorfoses ("vicissitudes") de pulsões (cujo primeiro estudo importante é o volume de Freud sobre teorias da sexualidade). No nível conceitual, essa cisão é mais bem-exemplificada pelos dois termos que Freud usa por vezes como equivalentes: o Inconsciente (cujas formações devem ser interpretadas) e o Isso (o sítio das energias inconscientes). Como conciliar essas duas faces do edifício freudiano? Um dos muitos neologismos no Lacan tardio é a noção de sinthoma (*sinthome*, que gera toda uma série de associações, de "são Tomás" [de Aquino] a "tom saudável" ou "homem sintético"). Em contraste com os sintomas (mensagens codificadas do inconsciente), os sinthomas são uma espécie de átomo de gozo, a síntese mínima de linguagem e gozo, unidades de signos permeadas com gozo (como um tique que repetimos compulsivamente). Não seriam os sinthomas *quanta de gozo*, seus menores pacotes? Não seriam eles, como tais, um equivalente freudiano das supercordas, destinadas a conciliar as duas faces da física moderna, a teoria da relatividade e a mecânica quântica? Embora Lacan seja muitas vezes criticado por negligenciar o vínculo entre a psicanálise e as ciências naturais em que Freud sempre insistiu, esse vínculo está vivo e atuante em sua obra.

5. Ideal do eu e supereu: Lacan como espectador de *Casablanca*

> Nada força ninguém a gozar, senão o supereu. O supereu é o imperativo do gozo – *Goza!*[28]

EMBORA *jouissance* possa ser traduzido como "gozo", tradutores de Lacan frequentemente deixam a palavra em francês para tornar palpável seu caráter excessivo, propriamente traumático: não estamos lidando com prazeres simples, mas com uma intrusão violenta que traz mais dor que prazer. É assim que geralmente percebemos o supereu freudiano, a agência ética cruel e sádica que nos bombardeia com exigências impossíveis e depois observa alegremente nosso fracasso em satisfazê-las. Não espanta, portanto, que Lacan postulasse uma equação entre gozo e supereu: gozar não é uma maneira de seguir nossas tendências espontâneas, é antes algo que fazemos como um tipo de dever ético estranho e distorcido.

Esta tese simples, embora inesperada, epitomiza a maneira como Lacan lê Freud. Freud usa três termos distintos para a agência que impele o sujeito a agir eticamente: ele fala de eu ideal (*Idealich*), ideal do eu (*Ich-Ideal*) e supereu (*Über-Ich*). Tende a identificar esses três termos: frequentemente usa a expressão *Ichideal oder Idealich* (ideal do eu ou eu ideal), e o título do capítulo 3 de seu curto ensaio "O eu e o isso" é "Eu e supereu (ideal do eu)". Lacan introduz uma distinção precisa entre esses três termos: "eu ideal" designa a autoimagem idealizada do sujeito (a maneira como eu gostaria de ser, a maneira como eu gostaria que os outros me vissem); ideal do eu é a agência cujo olhar eu tento impressionar com minha imagem do eu, o grande Outro que me vigia e me impele a dar o melhor de mim, o ideal que tento seguir e realizar; e supereu é essa mesma agência em seu aspecto vingativo, sádico, punitivo. O princípio estruturante subjacente a esses três termos é claramente a tríade de Lacan imaginário-simbólico-real: o eu ideal é imaginário, o que Lacan chama de o "pequeno outro", a imagem especular idealizada de meu eu; o ideal do eu é simbólico, o ponto de minha identificação simbólica, o ponto no grande Outro a partir do qual eu observo (e julgo) a mim mesmo; o supereu é real, a agência cruel e insaciável que me bombardeia com exigências impossíveis e depois zomba de minhas tentativas canhestras de satisfazê-las, a agência a cujos olhos eu me torno cada vez mais culpado, quanto mais tento recalcar meus esforços "pecaminosos" e satisfazer suas exigências. O antigo e cínico mote stalinista sobre os acusados que professavam sua inocência em julgamentos-espetáculo ("Quanto mais inocentes forem, mais merecem ser fuzilados") é o supereu em sua expressão mais pura.

O que se segue destas distinções precisas é que, para Lacan, o supereu "nada tem a ver com ela no que se refere às suas exigências mais obrigatórias":[29] O supereu é, ao contrário, a agência antiética, a estigmatização de nossa traição ética. Sendo assim, qual das outras duas é a agência ética adequada? Deveríamos nós – como alguns psicanalistas americanos propuseram, baseando-se em algumas formulações ambíguas de Freud – jogar o ideal do eu "bom" (racional-moderado, zeloso) contra o supereu "mau" (irracional-excessivo, cruel, provocador de ansiedade), tentando conduzir o paciente a se livrar do segundo e seguir o primeiro? Lacan se opõe a esta saída fácil. Para ele, a única agência apropriada é a quarta, ausente da lista tríplice de Freud, aquela por vezes mencionada por Lacan como "a lei do desejo", a agência que lhe diz para agir de acordo com seu desejo. A disparidade entre essa "lei do desejo" e o ideal do eu (a rede de normas simbólicas e ideais que o sujeito internaliza no curso de sua educação) é crucial aqui. Para Lacan, a agência aparentemente benévola do ideal do eu que nos conduz ao crescimento moral e à maturidade nos obriga a trair a "lei do desejo" mediante a adoção das exigências "razoáveis" da ordem sociossimbólica existente. O supereu, com seu sentimento de culpa excessivo, é apenas o anverso necessário do ideal do eu: ele exerce sua insuportável pressão sobre nós em nome de nossa traição da "lei do desejo". A culpa que experimentamos sob a pressão do supereu não é ilusória, mas real – "a única coisa da qual se [pode] ser culpado ... é de ter cedido de seu desejo",[30] e a pressão do supereu demonstra que *somos* efetivamente culpados de trair nosso desejo.

Passemos a um exemplo da lacuna que separa o ideal do eu do supereu, aquele da cena breve e muito conhecida de um dos maiores clássicos de Hollywood, o filme *Casablanca* de Michael Curtiz, em que Ilse Lund (Ingrid Bergman) vai ao quarto de Rick Blaine (Humphrey Bogart) para tentar obter os vistos que permitirão a ela e ao marido, o líder da resistência Victor Laszlo, fugir de Casablanca para Portugal e de lá para os Estados Unidos.[31] Depois que Rick se recusa a lhe entregar os vistos, ela saca um revólver e o ameaça. Ele lhe diz: "Vamos, atire. Estará me fazendo um favor." Ela se descontrola e, aos prantos, lhe conta a história de por que o abandonou em

Paris. Na altura em que ela diz: "Se você soubesse o quanto eu te amava, o quanto eu ainda te amo", eles estão se abraçando em *close-up*. A cena se dissolve numa tomada de 3½ segundos da torre do aeroporto à noite, seus holofotes girando, e depois volta a se dissolver numa tomada feita a partir de fora da janela do quarto de Rick, em que ele está de pé, olhando para fora e fumando um cigarro. Ele se volta para o quarto e pergunta a ela: "E depois?" Ela retoma sua história...

A questão que surge de imediato aqui é, obviamente: o que aconteceu *nesse ínterim*, durante a tomada de 3½ segundos do aeroporto – fizeram ou não? Richard Maltby está certo ao enfatizar que, quanto a este ponto, o que vemos não é simplesmente ambíguo; ele gera de fato dois significados muito claros, embora mutuamente exclusivos – sim e não; o filme dá sinais inequívocos de que fizeram sexo e, simultaneamente, sinais inequívocos de que não podem ter feito. Por um lado, uma série de indícios codificados indica que fizeram, e que a tomada de 3½ segundos representa uma duração muito mais longa (por convenção, o fade-in/fade-out simultâneo sobre o casal se abraçando apaixonadamente indica o desempenho do ato após a dissolução; o cigarro pós-coito é mais um sinal típico, e também a conotação fálica vulgar da torre). Por outro lado, uma série paralela de traços indica que nada aconteceu, que a tomada de 3½ segundos da torre do aeroporto corresponde ao tempo narrativo real (a cama em segundo plano está intacta; a mesma conversa parece continuar sem uma interrupção). Mesmo na conversa final entre Rick e Laszlo no aeroporto, quando eles se referem diretamente aos acontecimentos da noite, suas palavras podem ser interpretadas de ambas as maneiras:

Rick: Você disse que sabia sobre Ilse e eu?

Victor: Disse.

Rick: Você não sabia que ela estava no meu quarto ontem à noite quando você estava ... ela foi lá à procura dos vistos. Não é verdade, Ilse?

Ilse: É.

Rick: Ela tentou tudo para consegui-los e nada funcionou. Fez o que pôde para me convencer de que ainda me amava. Tudo isso terminou há muito tempo; por sua causa ela fingiu que não e eu a deixei fingir.

Victor: Entendo.[32]

Bem, eu certamente *não* entendo – fizeram ou não fizeram? A solução de Maltby é insistir que essa cena fornece um caso exemplar de como *Casablanca* "se constrói deliberadamente de modo a oferecer fontes distintas e alternativas de prazer para duas pessoas sentadas lado a lado no mesmo cinema", que ele "podia agradar igualmente a plateias 'inocentes' ou 'sofisticadas'".[33] Embora, no nível de sua linha narrativa superficial, o filme possa ser construído pelo espectador como obedecendo aos mais rigorosos códigos morais, para os sofisticados ele oferece pistas suficientes para construir uma linha narrativa alternativa, sexualmente muito mais ousada. Essa estratégia é mais complexa do que pode parecer: precisamente por saber que está, por assim dizer, "protegido" ou "absolvido de impulsos culpáveis"[34] pelo enredo oficial, você tem permissão para se entregar a fantasias sujas. Você sabe que essas fantasias não são "para valer", que elas não contam aos olhos do grande Outro. Nossa única correção a Maltby seria que não precisamos de *dois* espectadores sentados lado a lado: *um único e mesmo espectador* é suficiente.

Para expressar isso em termos lacanianos: durante os 3½ segundos críticos, Ilse e Rick não fizeram aquilo para o grande Outro (neste caso, o decoro da aparência pública, que não deve ser ofendido), mas fizeram-no para nossa imaginação fantasística suja. Esta é a estrutura da transgressão inerente em sua forma mais pura: Hollywood precisa de ambos os níveis para funcionar. Isso, é claro, nos leva de volta à oposição entre ideal do eu e supereu obsceno. No nível do ideal do eu (que aqui corresponde à lei simbólica pública, o conjunto de normas que se espera que observemos em nosso discurso público), nada problemático acontece, o texto é limpo, ao passo que, em outro nível, o texto bombardeia o espectador com a injunção do supereu: "Goze!" – i.e., entregue-se à sua imaginação suja. Para exercitar isto de novo, o que encontramos aqui é um exemplo claro da cisão fetichista, a estrutura de negação de "*Je sais bien, mais quand même...*" ("Eu sei, mas mesmo assim..."): a própria consciência de que eles não fizeram aquilo dá rédea solta à conclusão contrária. Você pode se entregar a ela, porque está absolvido da culpa em virtude do fato de que, para o grande Outro, eles definitivamente *não* o fizeram. As aparências importam: você pode ter suas múltiplas fantasias sujas, mas importa que alguma versão menos incriminatória vá ser integrada ao domínio público da lei simbólica, tal como registrada pelo grande Outro. Esta leitura dual não é apenas uma conciliação da parte da lei simbólica, no sentido de que a lei está interessada apenas em manter as aparências, e o deixa livre para exercer sua fantasia sob a condição de que ela não ultrapasse os limites do domínio público. A própria lei necessita de seu suplemento obsceno, é sustentada por ele.

O famigerado Hays Production Code dos anos 30 e 40 não era simplesmente um código negativo de censura, mas também uma codificação e regulação positiva (produtiva, como teria dito Michel Foucault) que gerava o próprio excesso cuja representação direta proibia. A proibição, para funcionar adequadamente, tinha de se basear numa clara consciência do que realmente acontecia no nível da linha narrativa proibida. O Production Code não proibia simplesmente alguns conteúdos; o que fazia era codificar sua articulação cifrada, como na famosa instrução de Monroe Stahr para seus roteiristas em *O último magnata*, de Scott Fitzgerald:

> O tempo todo, em todos os momentos em que ela está na tela, deseja dormir com Ken Willard ... O que quer que ela faça, seu objetivo é dormir com Ken Willard. Se ela está andando na rua, anda para dormir com Ken Willard; se come, é para adquirir forças para dormir com Ken Willard. *Porém*, em nenhum momento vocês podem dar a impressão de que passaria pela cabeça dela dormir com Ken Willard, a menos que a união deles recebesse as bênçãos nupciais.[35]

Podemos ver aqui como a proibição fundamental, longe de funcionar de forma meramente negativa, é responsável pela excessiva sexualização dos eventos cotidianos mais comuns. Todas as ações da pobre heroína faminta, de andar pela rua a fazer uma refeição, são transubstanciadas na expressão de seu desejo de dormir com seu homem. Podemos ver como o funcionamento dessa proibição fundamental é propriamente perverso, na medida em que é inevitavelmente apanhado na inversão reflexiva por meio da qual a própria defesa contra o conteúdo sexual proibido gera uma sexualização excessiva e onipresente – o papel da censura é muito mais ambíguo do que pode parecer. A réplica óbvia a essa ideia seria que estamos assim elevando inadvertidamente o Hays Production Code a uma máquina subversiva mais ameaçadora para o sistema de dominação que a tolerância direta: não estamos afirmando que quanto mais severa for a censura direta, mais subversivos são os subprodutos não intencionais gerados por ela? A maneira de responder a essa crítica é enfatizar que esses subprodutos perversos não intencionais, longe de ameaçar o sistema de dominação simbólica, são sua transgressão incorporada, seu apoio obsceno não reconhecido.

Na literatura ocidental, a primeira figura plenamente consciente disso foi Ulisses, e Shakespeare teve a genialidade de usar esse aspecto de Ulisses em *Troilo e Cressida* – não espanta que, até hoje, essa peça gere tanta confusão entre seus intérpretes. No conselho de guerra no Ato I, os generais gregos (ou "grecianos" [*Grecian*], como quer Shakespeare no que pode agora ser chamado de *Dubya-speak**) tentam explicar seu fracasso em ocupar e destruir Troia após oito anos de luta. Ulisses intervém a partir de uma posição tradicional de "valores antigos", situando a verdadeira causa do fracasso grego em seu descaso pela ordem hierárquica centralizada em que cada indivíduo se mantém em seu devido lugar:

> The specialty of rule hath been neglected:
> And, look, how many Grecian tents do stand
> Hollow upon this plain, so many hollow factions.

---

* *Dubya-speak* é a má gramática combinada com palavras inexistentes característica da fala de George W. Bush. (N.T.)

... O, when degree is shaked,
Which is the ladder to all high designs,
Then enterprise is sick! How could communities,
Degrees in schools and brotherhoods in cities,
Peaceful commerce from dividable shores,
The primogenitive and due of birth,
Prerogative of age, crowns, sceptres, laurels,
But by degree, stand in authentic place?
Take but degree away, untune that string,
And, hark, what discord follows! each thing meets
In mere oppugnancy: the bounded waters
Should lift their bosoms higher than the shores
And make a sop of all this solid globe:
Strength should be lord of imbecility,
And the rude son should strike his father dead:
Force should be right; or rather, right and wrong,
Between whose endless jar justice resides,
Should lose their names, and so should justice too.
Then every thing includes itself in power ...*

* *Troilo e Cressida*, Ato I, Cena III. Tradução livre: "As regras de governo têm sido desprezadas/ Mirem quantas tendas gregas/ vazias na planície, quantas vãs facções//... Ó, quando se abala a hierarquia/ que é a escada para os altos desígnios,/ compromete-se toda a obra! Comunidades/ escolas, o comércio pacífico entre praias distantes,/ a primogenitura e os direitos de berço,/ prerrogativas da idade, cetros coroas, louros,/ como podem manter-se no lugar devido senão por hierarquia?/ Tire-se a hierarquia, desafine-se essa corda/ e ouçam a discórdia que advém! Tudo cai/ em conflito: as ondas até então represadas/ hão de se erguer acima das praias/ fazendo do sólido globo uma esponja;/ será a força da senhora da imbecilidade,/ e o bruto filho de um golpe matará o pai;/ será a força certa: o certo e o errado,/ cujo eterno embate abriga a justica,/ perderiam seus nomes, e assim também a justiça./ Tudo se torna poder então..." (N.T.)

O que, então, causa essa desintegração que acaba no pesadelo democrático de todos participando do poder? Mais tarde na peça, quando quer convencer Aquiles a reingressar na batalha, Ulisses invoca a metáfora do tempo como a força destrutiva que solapa pouco a pouco a ordem hierárquica natural: no decorrer do tempo, seus antigos feitos heroicos serão esquecidos, sua glória será eclipsada por novos heróis – assim, se você quiser continuar resplandecendo em sua glória guerreira, reingresse na refrega:

> Time hath, my lord, a wallet at his back,
> Wherein he puts alms for oblivion,
> A great-sized monster of ingratitudes:
> Those scraps are good deeds past; which are devour'd
> As fast as they are made, forgot as soon
> As done: perseverance, dear my lord,
> Keeps honour bright: to have done is to hang
> Quite out of fashion, like a rusty mail
> In monumental mockery ...
>
> O, let not virtue seek
> Remuneration for the thing it was; for beauty, wit,
> High birth, vigour of bone, desert in service,
> Love, friendship, charity, are subjects all
> To envious and calumniating time.*

---

* *Troilo e Cressida*, Ato III, Cena III. Tradução livre: "O tempo, meu senhor, porta às costas,/ num saco, esmolas para o esquecimento,/ monstro imenso de ingratidões./ São elas refúgios de glórias passadas, devoradas tão logo alcançadas, e assim também esquecidas./ A perserverança, meu caro senhor,/ mantém o brilho da honra: ter feito/ não está em voga, é armadura enferrujada/ imensa zombaria.// Ó, que a virtude não busque/ recompensa pelo que já foi, pois a beleza, o espírito,/ o berço, a robustez, o mérito no ofício,/ o amor, a amizade, a caridade são todos sujeitos/ às invejas e calúnias do tempo." (N.T.)

A estratégia de Ulisses aqui é profundamente ambígua. Numa primeira abordagem, ele apenas reitera sua argumentação sobre a necessidade de "degraus" (hierarquia social ordenada), e descreve o tempo como a força corrosiva que solapa valores antigos e verdadeiros – um tema arquiconservador. A uma leitura mais atenta, contudo, fica claro que Ulisses dá à sua argumentação um sentido cínico singular: como podemos lutar contra o tempo para manter vivos os valores antigos? Não os observando, mas suplementando-os com a *Realpolitik* da manipulação cruel, de trapacear, de jogar um herói contra o outro. É somente esse sujo reverso, essa desarmonia oculta, que pode sustentar a harmonia (Ulisses joga com a inveja de Aquiles, refere-se à emulação – as próprias atitudes que trabalham para desestabilizar a ordem hierárquica, uma vez que indicam que não se está satisfeito com seu lugar subordinado dentro do corpo social). A manipulação secreta da inveja – a violação das próprias regras e valores que Ulisses celebra em seu primeiro discurso – é necessária para neutralizar os efeitos do tempo e sustentar a ordem hierárquica do "degrau". Essa poderia ser a versão de Ulisses das famosas palavras de Hamlet: "The time is out of joint: O cursed spite,/ That ever I was born to set it right!"* A única maneira de "endireitá-lo" é neutralizar a transgressão da Velha Ordem com sua *transgressão inerente*, com crime tramado em segredo para servir àquela Ordem. O preço que pagamos por isso é que a Ordem que assim sobrevive é uma zombaria de si mesma, um fac-símile blasfemo da Ordem.

---

* *Hamlet*, Ato I, Cena V. Tradução livre: "O tempo de seu curso saiu: maldito destino!/ ter eu nascido para realinhá-lo!" (N.T.)

Que a lei pública precisa do apoio da obscenidade de algum supereu oculto é hoje mais atual que nunca. Lembremos de *Questão de honra*, de Rob Reiner, um drama de corte marcial sobre dois fuzileiros navais americanos acusados de assassinar um colega. O promotor militar afirma que o ato foi homicídio deliberado, ao passo que a defesa (Tom Cruise e Demi Moore – como poderiam fracassar?) consegue provar que os réus seguiram o chamado Código Vermelho, a norma não escrita de uma comunidade militar que autoriza a punição física, à noite, de um colega soldado que violou os padrões éticos dos fuzileiros navais. Tal código perdoa um ato de transgressão e, embora ilegal, ao mesmo tempo reafirma a coesão do grupo. Ele tem de se manter nas sombras da noite, não reconhecido, impronunciável – em público, todos fingem nada saber a seu respeito, ou até negam sua existência (e o clímax do filme é, previsivelmente, o acesso de raiva de Jack Nicholson, o oficial que ordenou a surra: sua explosão é, obviamente, o momento de sua queda).

Embora violando as regras explícitas da comunidade, um código como esse representa o espírito da comunidade em sua forma mais pura, exercendo a mais forte pressão sobre indivíduos para promover a identificação grupal. Em contraste com a Lei explícita escrita, esse código obsceno do supereu é essencialmente falado, mesmo que em segredo, em algum lugar fora da vista. Aí reside a lição do filme de Coppola *Apocalypse Now*: a figura de Kurtz não é uma relíquia de algum passado bárbaro, mas o resultado necessário do próprio poder moderno, o poder do Ocidente. Kurtz era um soldado perfeito e como tal, através de sua superidentificação com o sistema de poder militar, transformou-se no excesso que o sistema tem de eliminar. O *insight* fundamental de *Apocalypse Now* é que o poder gera seu próprio excesso, que ele tem de aniquilar numa operação que espelha o que ele combate (a missão de Willard de matar Kurtz é inexistente para os registros oficiais: "Ela nunca aconteceu", como o general que instrui Willard salienta).

Aqui entramos no domínio das operações secretas, do que o poder faz sem jamais o admitir. Em novembro de 2005, o vice-presidente dos Estados Unidos Dick Cheney disse que derrotar os terroristas significava que "nós também temos de trabalhar ... mais ou menos pelo lado escuro ... Muito do que precisa ser feito aqui terá de ser feito em silêncio, sem nenhuma discussão." Não está ele falando como um Kurtz redivivo? Num debate sobre o destino dos prisioneiros de Guantânamo na NBC em meados de 2004, um dos estranhos argumentos em prol da aceitabilidade ético-legal de seu status era que "eles são aqueles que as bombas deixaram escapar": como eles eram o alvo do bombardeio dos Estados Unidos e por acaso sobreviveram, e como esse bombardeio era parte de uma operação militar legítima, não se pode queixar de sua sorte quando aprisionados depois. O argumento sugere que, seja qual for sua situação, é melhor, menos severa, que estar morto. Esse raciocínio diz mais do que pretende: põe o prisioneiro quase literalmente na posição dos mortos-vivos, aqueles que de certa forma já estão mortos (seu direito de viver anulado pelo fato de serem alvos legítimos de bombardeios assassinos), de modo que são agora casos do que Giorgio Agamben chama de *homo sacer*, o homem que pode ser morto impunemente porque, aos olhos da lei, sua vida não conta mais. Se os prisioneiros de Guantânamo são situados no espaço "entre as duas mortes", ocupando a posição de *homo sacer*, legalmente mortos (privados de um status legal determinado) enquanto biologicamente ainda estão vivos, as autoridades dos Estados Unidos que os tratam dessa maneira estão também numa espécie de status legal intermediário, o análogo de *homo sacer*. Agindo como um poder legal, seus atos não são mais cobertos e limitados pela lei. Em vez disso, operam num espaço vazio que ainda está no domínio da lei.

Assim, quando, em novembro de 2005, o presidente Bush proclamou enfaticamente: "Nós não torturamos", e simultaneamente vetou o projeto de lei, proposto por John McCain, que simplesmente legaliza esse fato, proibindo explicitamente a tortura de prisioneiros como prejudicial aos interesses dos Estados Unidos, temos de interpretar essa incoerência como um índice da tensão entre o discurso público, o ideal do ego da sociedade, e seu cúmplice, o supereu obsceno. Mais uma prova, se é que ainda há necessidade de provas, da atualidade duradoura da noção freudiana de supereu.

6. "Deus está morto, mas Ele não sabe": Lacan brinca com Bobók

> Pois a verdadeira fórmula do ateísmo não é que *Deus está morto* – mesmo fundando a origem da função do pai em seu assassínio, Freud protege o pai – a verdadeira fórmula do ateísmo é que *Deus é inconsciente.*[36]

Para compreender apropriadamente esta passagem, temos de lê-la juntamente com outra tese de Lacan. Essas duas declarações dispersas deveriam ser tratadas como as peças de um quebra-cabeça a serem combinadas numa proposição coerente. Só sua interconexão (mais a referência ao sonho freudiano do pai que não sabe que está morto)* nos permite fazer uso da tese básica em sua totalidade:

> Como vocês sabem, seu filho Ivan o conduz pelas avenidas audaciosas por onde envereda o pensamento de um homem culto e em particular, ele diz, *se Deus não existir...* – *Se Deus não existir,* diz o pai, *então tudo é permitido.* Noção evidentemente ingênua, pois, nós, analistas, sabemos muito bem que se Deus não existir então absolutamente mais nada é permitido. Os neuróticos nos demonstram isto todos os dias.[37]

* De modo que, combinando este sonho com aquele que interpretamos no Capítulo 3 sobre o filho morto que aparece para o pai com o terrível apelo, "Pai, não vês que estou queimando?", a afirmação de Lacan pode também ser parafraseada como a censura ao Deus-Pai: "Pai, não vês que estás morto?"

O ateu moderno pensa saber que Deus está morto; o que ele não sabe é que, inconscientemente, continua a acreditar em Deus. O que caracteriza a modernidade não é mais a figura típica do crente que abriga secretamente dúvidas sobre sua crença e se entrega a fantasias transgressivas; hoje temos, ao contrário, um sujeito que se apresenta como um hedonista tolerante dedicado à busca da felicidade, e cujo inconsciente é o local de proibições: o que é recalcado não são desejos ou prazeres ilícitos, mas as próprias proibições. "Se Deus não existe, tudo é proibido" significa que quanto mais você se percebe como um ateu, mais seu inconsciente é dominado por proibições que sabotam seu gozo. (Não deveríamos nos esquecer de suplementar esta tese com seu oposto: se Deus existe, tudo é permitido – não é esta a mais sucinta definição da difícil situação do fundamentalista religioso? Para ele, Deus existe plenamente, ele se percebe como Seu instrumento, razão por que pode fazer tudo quanto queira: seus atos são antecipadamente redimidos, uma vez que expressam a vontade divina...)

Em vez de trazer liberdade, a queda da autoridade opressiva dá origem assim a novas e mais severas proibições. Como explicar esse paradoxo? Pense na situação que a maioria de nós conhece de nossa infância: a pobre criança que, numa tarde de domingo, tem de visitar a avó em vez de ter permissão para brincar com os amigos. A mensagem do pai antiquado e autoritário para a criança relutante teria sido: "Não me importa o que você sente. Simplesmente cumpra o seu dever, vá à casa da sua avó e comporte-se lá!" Nesse caso, a situação da criança não é nada má: embora obrigada a fazer algo que claramente não quer, conservará sua liberdade interna e a capacidade de (mais tarde) se rebelar contra a autoridade paterna. Muito mais difícil teria sido a mensagem de um pai "não autoritário" pós-moderno: "Você sabe como sua avó o ama! Mesmo assim, não quero obrigá-lo a nada – vá apenas se realmente quiser!" Todas as crianças que não sejam tolas (isto é, a maioria delas) reconhecerão imediatamente a armadilha dessa atitude permissiva: sob a aparência da livre escolha há uma exigência ainda mais opressiva que aquela formulada pelo pai autoritário tradicional, a saber, uma injunção implícita não só de visitar a vovó, mas de fazê-lo voluntariamente, pela livre vontade da criança. Uma falsa livre escolha como essa é a injunção obscena do supereu: ela priva a criança até de sua liberdade interior, prescrevendo não só o que deve fazer, mas o que deve querer fazer.

Durante décadas, uma piada clássica circulou entre lacanianos para exemplificar o papel fundamental do conhecimento do Outro: um homem que acredita ser um grão de semente é levado para um hospital psiquiátrico onde os médicos fazem o que podem para convencê-lo de que ele não é um grão de semente, mas um homem. Quando ele está curado (convencido de que não é um grão de semente, mas um homem) e lhe permitem deixar o hospital, imediatamente volta tremendo. Há uma galinha perto da porta e ele tem medo de que ela vá comê-lo. "Meu caro rapaz", diz o médico, "você sabe muito bem que não é um grão de semente, mas um homem". "Claro que *eu* sei disso", responde o paciente, "mas a galinha sabe?" Aí reside a verdadeira aposta do tratamento psicanalítico: não é suficiente convencer o paciente sobre a verdade inconsciente de seus sintomas – o próprio inconsciente deve ser levado a assumir essa verdade.

O mesmo se aplica à teoria marxista do fetichismo da mercadoria:

> Uma mercadoria parece à primeira vista uma coisa extremamente óbvia, trivial. Mas sua análise revela que ela é algo de muito complicado, abundando em sutilezas metafísicas e refinamentos teológicos.[38]

Marx não afirma, à maneira usual do discurso do Iluminismo, que a análise crítica deveria mostrar como uma mercadoria – o que parece uma entidade teológica misteriosa – emergiu do processo "comum" da vida real; afirma, ao contrário, que a tarefa da análise crítica é revelar as "sutilezas metafísicas e refinamentos teológicos" no que parece à primeira vista apenas um objeto comum. O fetichismo da mercadoria (nossa crença de que mercadorias são objetos mágicos, dotados de um poder metafísico inerente) não está situado em nossa mente, na maneira como percebemos (ou distorcemos) a realidade, mas em nossa própria realidade social. Em outras palavras, quando um marxista encontra um sujeito burguês imerso no fetichismo da mercadoria, a censura que o marxista lhe faz não é: "A mercadoria pode lhe parecer um objeto mágico dotado de poderes especiais, mas na realidade é apenas uma expressão refinada de relações entre pessoas", mas sim: "Você pode pensar que a mercadoria lhe aparece como uma simples corporificação de relações sociais (que, por exemplo, dinheiro é apenas uma espécie de vale que lhe dá direito a uma parte do produto social), mas não é assim que as coisas realmente lhe parecem ser. Em sua realidade social, por meio de sua participação na troca social, você revela o estranho fato de que uma mercadoria realmente lhe parece ser um objeto mágico dotado de poderes especiais." Podemos imaginar um burguês fazendo um curso de marxismo onde aprende sobre o fetichismo da mercadoria. O professor lhe diz: "Mas você sabe como são as coisas, que as mercadorias são apenas expressões de relações sociais, que não há nada de mágico nelas!", ao que o aluno responde: "Claro que sei tudo isso, mas as mercadorias com que estou lidando parecem não saber!" Era isso que Lacan tinha em vista com sua afirmação de que a verdadeira fórmula do materialismo não é "Deus não existe", mas "Deus é inconsciente". Basta lembrar o que, numa carta a Max Brod, Milena Jesenska escreveu sobre Kafka:

> Acima de tudo, coisas como dinheiro, bolsa de valores, a administração da moeda estrangeira, máquina de escrever, são para ele totalmente enigmáticas (o que efetivamente são, apenas não para nós, os outros).[39]

Aqui Jesenska toca na fibra marxista de Kafka: um sujeito burguês sabe muito bem que não há nada de mágico no dinheiro, que dinheiro é apenas um objeto que representa um conjunto de relações sociais, mas apesar disso age na vida real como se acreditasse que o dinheiro é algo de mágico. Isto, portanto, nos dá um *insight* preciso do universo de Kafka: ele é capaz de experimentar diretamente essas crenças que nós, "pessoas normais", rejeitamos. A "mágica" de Kafka é o que Marx chamava de a "excentricidade teológica" das mercadorias. Se, outrora, fingíamos publicamente acreditar, enquanto no fundo éramos céticos ou até mesmo nos dedicávamos à zombaria obscena de nossas crenças públicas, hoje tendemos a professar publicamente nossa atitude cética/hedonista/relaxada, quando dentro de nós permanecemos assombrados por crenças e proibições severas. E é contra esse pano de fundo que podemos situar o erro de Dostoiévski. Em seu conto mais estranho, "Bobók", que até hoje desorienta seus intérpretes, Dostoiévski forneceu a versão mais radical da ideia de que "se Deus não existe, tudo é permitido". Essa bizarra "fantasia mórbida" é simplesmente um produto da doença mental do próprio autor? Ou um sacrilégio cínico, uma tentativa abominável de parodiar a verdade da Revelação divina tal como exposta na Bíblia Sagrada?* Em "Bobók", um literato alcoólatra chamado Ivan Ivánitch está sofrendo alucinações auditivas:

> Começo a ver e ouvir umas coisas estranhas. Não são propriamente vozes, mas é como se estivesse alguém ao lado: "*Bobók, bobók, bobók*!".
>
> Que *bobók* é esse? Preciso me divertir.
>
> Saí para me divertir, acabei num enterro.[40]

Ele assiste ao funeral de uma distância relativa. Depois se deixa ficar no cemitério, onde inesperadamente entreouve a conversa cínica e frívola dos mortos:

> E como foi acontecer que de repente comecei a ouvir coisas diversas? A princípio não prestei atenção e desdenhei. Mas a conversa continuava. E eu escutei: sons surdos, como se as bocas estivessem tapadas por travesseiros; e, a despeito de tudo, nítidos e muito próximos. Despertei, sentei-me e passei a escutar atentamente.

---

* O princípio da história já envolve uma estranha negação de *Je est un autre* de Rimbaud: "Este não sou eu; este é uma pessoa inteiramente diferente."

Ele descobre a partir dessas conversas que a consciência humana continua por algum tempo após a morte do corpo físico, durando até a total decomposição, o que as pessoas mortas associam com a horrível onomatopeia gorgolejante "bobók". Uma delas comenta:

> O principal são os dois ou três meses de vida e, no fim das contas, *bobók*. Sugiro que nós todos passemos esses dois meses da maneira mais agradável possível, e para tanto todos nos organizemos em outras bases. Senhores! Proponho que não nos envergonhemos de nada.

Os mortos, compreendendo sua completa liberdade de condições terrenas, decidem se entreter contando histórias de sua existência durante suas vidas:

> Mas por enquanto eu quero que não se minta. É só o que eu quero, porque isto é o essencial. Na Terra é impossível viver e não mentir, pois vida e mentira são sinônimos; mas, com o intuito de rir, aqui não vamos mentir. Aos diabos, ora, pois o túmulo significa alguma coisa! Todos nós vamos contar em voz alta as nossas histórias já sem nos envergonharmos de nada. Serei o primeiro de todos a contar a minha história. Eu, sabei, sou dos sensuais. Lá em cima tudo isso estava preso por cordas podres. Abaixo as cordas, e vivamos esses dois meses na mais desavergonhada verdade! Tiremos a roupa, dispamo-nos!
>
> – Dispamo-nos, dispamo-nos! – gritaram em coro.

O terrível fedor que Ivan Ivánitch sente não é o cheiro de corpos em decomposição, mas um fedor moral. Subitamente

Ivan Ivánitch espirra, e os mortos silenciam; o encantamento foi quebrado e estamos de volta à realidade comum:

> E eis que de repente espirrei. Aconteceu de forma súbita e involuntária, mas o efeito foi surpreendente: tudo ficou em silêncio, exatamente como no cemitério, desapareceu como um sonho. Fez-se um silêncio verdadeiramente sepulcral. Não acho que tenham sentido vergonha de mim: haviam resolvido não se envergonhar de nada! Esperei uns cinco minutos e... nem uma palavra, nem um som.

Mikhail Bakhtin viu em "Bobók" a quintessência da arte de Dostoiévski, um microcosmo de toda a sua produção artística que expressa seu tema central: a ideia de que "tudo é permitido" se não houver nenhum Deus e nenhuma imortalidade da alma. No carnavalesco mundo da vida "entre duas mortes", todas as regras e responsabilidades estão suspensas, os mortos-vivos podem pôr de lado qualquer vergonha, agir de maneira insana e rir da honestidade e da justiça. O horror ético dessa visão é que ela expõe o limite da ideia de "verdade e conciliação": e se houver alguém para quem confessar publicamente seus crimes não só não desencadeia qualquer catarse ética como até gera um prazer obsceno adicional?

A situação de "não mortos" dos finados opõe-se à do pai em um dos sonhos relatado por Freud, que continua vivendo (no inconsciente do sonhador) porque não sabe que está morto. Os finados na história de Dostoiévski têm plena consciência de que estão mortos – é essa consciência que lhes permite pôr de lado toda a vergonha. Qual é então o segredo que eles escondem de todos os mortais? Em "Bobók" não ouvimos nenhuma das verdades desavergonhadas – os espectros dos mortos se retiram exatamente no momento em que iriam enfim "cumprir o prometido" ao ouvinte e contar seus segredos sujos. Quem sabe a solução não é a mesma do final da parábola da porta da lei de O *processo*, de Kafka, quando, em seu leito de morte, o homem do campo que passou anos esperando para ser admitido pelo guardião fica sabendo que a porta estava ali unicamente para ele? E se, também em "Bobók", todo o espetáculo dos cadáveres prometendo revelar seus segredos mais sujos for encenado apenas para atrair e impressionar o pobre Ivan Ivánitch? Em outras palavras, e se o espetáculo da "veracidade desavergonhada" dos cadáveres viventes for apenas uma fantasia do ouvinte – um ouvinte *religioso* ainda por cima? Não deveríamos esquecer que a cena que Dostoiévski pinta não é a de um universo ímpio. Os cadáveres falantes experimentam sua vida após a morte (biológica), o que é em si mesmo uma prova da existência de Deus – *Deus está aqui, mantendo-os vivos após a morte, razão por que eles podem dizer tudo.*

O que Dostoiévski encena é uma fantasia religiosa que não tem nada a ver com uma posição verdadeiramente ateia – embora ele a encene para ilustrar o medonho universo ímpio em que "tudo é permitido". Qual é então a compulsão que impele os cadáveres a se dedicar à sinceridade obscena de "contar tudo"? A resposta lacaniana é clara: *supereu* – não como agência ética, mas como a injunção obscena a gozar. Isso fornece o *insight* sobre o que é talvez o segredo supremo que os finados querem ocultar do narrador: seu impulso a contar sem qualquer vergonha toda a verdade não é livre, a situação não é "Agora podemos finalmente dizer (e fazer) tudo que queríamos, mas éramos impedidos pelas regras e restrições de nossas vidas normais". Em vez disso, seu impulso é sustentado por um imperativo cruel do supereu: os espectros *têm* de se dedicar às suas atividades obscenas. Se, no entanto, o que os não mortos ocultam do narrador for a natureza compulsiva de seu gozo obsceno, e se estivermos lidando com uma fantasia religiosa, então há mais uma conclusão a tirar: que *os não mortos estão sob o encantamento compulsivo de um Deus perverso.* Aí reside a mentira suprema de Dostoiévski: o que ele apresenta como uma fantasia aterrorizante de um universo ímpio é efetivamente uma fantasia gnóstica de um Deus perverso, obsceno. Uma lição mais geral deveria ser extraída deste caso: quando autores religiosos condenam o ateísmo, constroem com demasiada frequência uma visão do "universo ímpio" que é uma projeção do reverso reprimido da própria religião.

Usei aqui o termo "gnosticismo" em seu significado preciso, como a rejeição de uma característica fundamental do universo judaico-cristão: a exterioridade da verdade. Há um argumento esmagador em prol da íntima ligação entre judaísmo e psicanálise: em ambos os casos, o foco incide sobre o encontro traumático com o abismo do Outro desejante, com a figura aterradora de um Outro impenetrável que quer alguma coisa de nós, mas não deixa claro que coisa é essa – o encontro do povo judeu com seu Deus cujo Chamado impenetrável perturba a rotina da existência humana diária; o encontro da criança com o enigma do gozo do Outro (neste caso, parental). Em claro contraste com esta noção judaico-cristã da verdade como baseada num encontro traumático externo (o Chamado divino ao povo judeu, o chamado de Deus a Abraão, a Graça inescrutável – todos totalmente incompatíveis com nossas qualidades mais íntimas, inclusive com nossa ética inata), tanto o paganismo quanto o gnosticismo (a reinscrição da postura judaico-cristã outra vez no paganismo) concebem o caminho para a verdade como a "jornada interior" da autopurificação espiritual, como o retorno da pessoa ao seu verdadeiro eu interior, a "redescoberta" do eu. Kierkegaard estava certo quando mostrou que a oposição central na espiritualidade ocidental é entre Sócrates e Cristo: a jornada interior de recordação *versus* o renascimento através do choque do encontro externo. Dentro do campo judaico-cristão, o próprio Deus é o atormentador supremo, o intruso que perturba brutalmente a harmonia de nossas vidas.

Traços de gnosticismo são claramente discerníveis até na ideologia atual do ciberespaço. O sonho do ciberespaço do *self* liberado de toda sua vinculação a seu corpo natural mediante sua transformação numa entidade virtual que flutua de uma corporificação contingente e temporária para outra é a realização científico-tecnológica do sonho gnóstico do *self* se livrando da deterioração e da inércia da realidade material. Não admira que a filosofia de Leibniz seja uma das referências filosóficas predominantes dos teóricos do ciberespaço: Leibniz concebeu o universo como composto de "mônadas", substâncias microscópicas, cada uma das quais vive em seu próprio espaço interior fechado, sem nenhuma janela para seus arredores. Não podemos deixar de perceber a estranha semelhança entre a "monadologia" de Leibniz e a comunidade emergente do ciberespaço em que a harmonia global e o solipsismo coexistem estranhamente. Isto é, não é verdade que nossa imersão no ciberespaço avança de mãos dadas com nossa redução a uma mônada leibniziana que, embora "sem janelas" que se abram diretamente para a realidade externa, espelha em si mesma todo o universo? Cada vez mais, somos mônadas sem nenhuma janela direta para a realidade, interagindo sozinhos com a tela do computador, encontrando apenas simulacros virtuais, e no entanto imersos mais do que nunca na rede global, comunicando-nos sincronicamente com o globo inteiro.

O espaço em que os (não) mortos podem falar sem restrições morais, tal como imaginado por Dostoiévski, prefigura esse sonho do ciberespaço gnóstico. A atração do cibersexo é que, como estamos lidando apenas com parceiros virtuais, não há abuso. Esse aspecto do ciberespaço – a ideia de um espaço em que, porque não estamos interagindo diretamente com pessoas reais, ninguém sofre abuso e somos livres para dar rédea solta às nossas mais sujas fantasias – encontrou sua expressão máxima numa proposta que voltou à tona recentemente em alguns círculos nos Estados Unidos: "repensar-se" os direitos dos necrófilos (aqueles que desejam fazer sexo com corpos mortos). Por que eles deveriam ser privados disso? Foi lançada a ideia de que, assim como pessoas autorizam que seus órgãos sejam usados para finalidades médicas no caso de sua morte súbita, deveria lhes ser permitido também autorizar que seus corpos fossem entregues a necrófilos. Esta proposta é a exemplificação perfeita de como a postura antiabuso politicamente correta realiza a antiga intuição de Kierkegaard de que o único vizinho bom é um vizinho morto. Um vizinho morto – um cadáver – é o parceiro sexual ideal de um sujeito "tolerante" que tenta evitar qualquer abuso: por definição, um corpo morto *não goza*, portanto também é eliminada, para o sujeito que brinca com o cadáver, a ameaça perturbadora do gozo excessivo.

"Abuso" é mais uma dessas palavras que, embora pareçam se referir a um fato claramente definido, funcionam de maneira profundamente ambígua e perpetram uma mistificação ideológica. Em seu nível mais elementar, o termo designa fatos brutais como estupro, espancamento e outros modos de violência social que, é claro, devem ser implacavelmente condenados. No entanto, no uso corrente do termo "abuso", esse sentido fundamental transforma-se imperceptivelmente na condenação de qualquer proximidade excessiva com outro ser humano real, com seus desejos, medos e prazeres. Dois temas determinam a atitude tolerante e liberal de hoje em relação aos outros: respeito pela alteridade e abertura em relação a ela e o medo obsessivo do abuso. O outro é ótimo, contanto que sua presença não invada, contanto que o outro não seja realmente o outro. A tolerância coincide com seu oposto: meu dever de ser tolerante para com o outro significa efetivamente que eu não deveria chegar perto demais dele, não deveria invadir seu espaço – em suma, que eu deveria respeitar sua intolerância em relação à minha proximidade excessiva. Isto é o que cada vez mais emerge como o "direito humano" central na sociedade capitalista tardia – o direito de não sofrer abuso, i.e., de ser mantido a uma distância segura dos outros.

Os tribunais na maioria das sociedades ocidentais impõem agora uma penalidade quando uma pessoa processa outra por importuná-la (assediando-a ou fazendo propostas sexuais injustificadas): o assediador pode ser legalmente proibido de se aproximar deliberadamente da vítima, devendo permanecer a uma distância de mais de X metros. Por mais necessária que seja essa medida, há nela, não obstante, algo da defesa contra o real traumático do desejo do outro: não é óbvio que há algo horrivelmente *violento* em exibir abertamente nossa paixão por e para um outro ser humano? A paixão, por definição, *fere* seu objeto, e mesmo que seu alvo concorde de bom grado em ocupar esse lugar, ele não pode fazê-lo sem um momento de estupefação e surpresa. Ou, para alterar mais uma vez o dito de Hegel de que "o mal reside no próprio olhar que percebe o Mal por toda parte à sua volta": a intolerância para com o Outro reside no próprio olhar que percebe todos os que o rodeiam como Outros intolerantes e invasores.

Deveríamos ser especialmente desconfiados com relação à obsessão pelo assédio sexual de mulheres quando homens a expressam: mal arranhamos a superfície "pró-feminista" do politicamente correto e logo encontramos o velho mito macho-chauvinista das mulheres como criaturas indefesas que precisam de proteção não só contra homens assediadores, mas em última instância contra si mesmas. Para o macho chauvinista que se faz passar por feminista, o problema não é que elas serão incapazes de se proteger, mas que podem começar a gostar de ser sexualmente assediadas – que a intrusão masculina desencadeie nelas uma explosão autodestrutiva de gozo sexual excessivo. Em suma, aquilo em que deveríamos nos concentrar é que tipo de noção de subjetividade está implicado na obsessão com os diferentes modos de assédio: a subjetividade "narcísica" para a qual tudo que os outros fazem (dirigir-se a mim, olhar para mim...) é potencialmente uma ameaça, de modo que, como disse Sartre há muito tempo, *"l'enfer, c'est les autres"* (o inferno são os outros). Com relação à mulher como um objeto de perturbação, quanto mais ela está coberta, mais nossa atenção (masculina) concentra-se nela e no que se encontra sob o véu. O talibã não apenas obrigou as mulheres a andar em público completamente cobertas, como as proibiu também de usar sapatos com saltos excessivamente sólidos (metal ou madeira), e ordenou-lhes andar sem produzir estalos muito altos que pudessem distrair os homens, perturbando sua paz interior e dedicação. É esse o paradoxo do gozo excessivo em sua forma mais pura: quanto mais o objeto é velado, mais intensamente perturbador é o mínimo traço de seu resíduo.

Esse é o ponto com a crescente proibição do fumo. Primeiro, o fumo foi proibido em todos os escritórios, depois nos aviões, depois nos restaurantes, depois nos aeroportos, depois nos bares, depois nos clubes privados, depois em alguns *campi* num raio de 50 metros em torno da entrada dos prédios, depois – num caso único de censura pedagógica, lembrando a famosa prática stalinista de retocar as fotos da *nomenklatura* – o Serviço Postal dos Estados Unidos removeu o cigarro de selos com fotos do guitarrista de *blues* Robert Johnson e de Jackson Pollock. Essas proibições têm por alvo o gozo excessivo e arriscado do outro, corporificado no ato de acender "irresponsavelmente" um cigarro e tragar profundamente com descarado prazer (em contraste com *yuppies à la* Clinton que o fazem sem tragar, ou praticam sexo sem real penetração, ou comem comida sem gordura) – de fato, como disse Lacan, *Quando Deus está morto, nada mais é permitido.*

Um dos tópicos característicos da crítica cultural conservadora é que, em nossa era permissiva, faltam às crianças limites firmes ou proibições. Essa falta as frustra, impelindo-as de um excesso para outro. Somente um limite firme fixado por alguma autoridade simbólica pode garantir estabilidade e satisfação – satisfação produzida através da violação da proibição, da transgressão do limite. Para elucidar a maneira como a negação funciona no inconsciente, Freud referiu-se à reação de um de seus pacientes a um sonho seu centrado numa mulher desconhecida: "Seja quem for essa mulher em meu sonho, eu sei que não é a minha mãe." Uma clara prova, para Freud, de que a mulher *era* a sua mãe. Não há maneira melhor de caracterizar o paciente típico de hoje que imaginar sua reação oposta ao mesmo sonho: "Seja quem for essa mulher em meu sonho, tenho certeza de que isso tem alguma coisa a ver com a minha mãe!"

Tradicionalmente, esperava-se que a psicanálise permitisse ao paciente superar os obstáculos que o privavam de seu acesso à satisfação sexual normal: se você não consegue isso, vá ao analista que lhe permitirá ficar livre de suas inibições. Hoje, no entanto, somos bombardeados de todos os lados por diferentes versões da injunção "Goze!", desde o gozo direto no desempenho sexual ao gozo na realização profissional ou no despertar espiritual. O gozo hoje funciona efetivamente como um estranho dever ético: indivíduos sentem-se culpados não por violar inibições morais entregando-se a prazeres ilícitos, mas por não serem capazes de gozar. Nessa situação, a psicanálise é o único discurso em que você *tem permissão para não gozar* – você não é proibido de gozar, apenas é libertado da pressão para fazê-lo.

7. O sujeito perverso da política: Lacan como leitor de Mohammad Bouyeri

> É propriamente falando um efeito inverso da fantasia. É o sujeito que se determina a si mesmo como objeto, em seu encontro com a divisão da subjetividade. ... É no que o sujeito se faz objeto de uma vontade outra, que não somente se fecha mas se constitui a pulsão sadomasoquista. ... O sádico ocupa ele próprio o lugar do objeto, mas sem saber disto, em benefício de um outro, pelo gozo do qual ele exerce sua ação de perverso sádico.[41]

ESTA PASSAGEM LANÇA UMA NOVA LUZ sobre o totalitarismo político. Um verdadeiro político stalinista ama a humanidade, mas apesar disso promove horríveis expurgos e execuções – fica com o coração partido quando o faz, mas não pode evitá-lo, é seu Dever para com o Progresso da Humanidade. Esta é a atitude perversa de adotar a posição de puro instrumento da Vontade do grande Outro: não é minha responsabilidade, não sou realmente eu que estou fazendo isso, sou apenas um instrumento da Necessidade Histórica superior. O gozo obsceno dessa situação vem do fato de que eu me concebo como *desculpado pelo que estou fazendo*: sou capaz de infligir dor a outros com a plena consciência de que não sou responsável por isso, de que meramente cumpro a Vontade do Outro. À pergunta "Como pode o sujeito ser culpado quando meramente realiza uma necessidade objetiva, externamente imposta?", o pervertido sádico responde admitindo subjetivamente essa necessidade objetiva, encontrando prazer no que lhe é imposto.

Quando confrontado com a tarefa de liquidar os judeus da Europa, Heinrich Himmler, chefe da SS, exibiu uma atitude heroica: "Alguém tem de fazer o trabalho sujo, então vamos fazê-lo!" É fácil fazer algo de nobre por seu país, até sacrificar a própria vida por ele – é muito mais difícil cometer um crime por seu país. Em seu *Eichmann em Jerusalém*, Hannah Arendt fornece uma descrição precisa desse subterfúgio de que carrascos nazistas lançam mão para serem capazes de suportar os atos horríveis que praticaram. Em sua maioria, eles não eram simplesmente maus – tinham plena consciência de estar fazendo coisas que impunham humilhação, sofrimento e morte às suas vítimas. A saída desse impasse era que "em vez de dizer: 'Que coisas horríveis fiz para as pessoas!', os assassinos seriam capazes de dizer: 'A que coisas horríveis tive de assistir no cumprimento de meus deveres, como a tarefa pesou sobre os meus ombros!'"[42] Dessa maneira, eram capazes de virar de cabeça para baixo a lógica de resistir à tentação: a tentação à qual era preciso resistir era a própria tentação de sucumbir a uma piedade e compaixão básicas na presença de sofrimento humano; seu esforço "ético" era dirigido para a tarefa de resistir a essa tentação de não humilhar, torturar e assassinar. Minha violação de instintos éticos espontâneos de piedade e compaixão é transformada na prova de minha grandeza ética: para cumprir meu dever, estou pronto a assumir o pesado fardo de infligir dor a outros.

A mesma lógica perversa opera no fundamentalismo religioso de nossos dias. Quando, em 2 de novembro de 2004, o documentarista holandês Theo van Gogh foi assassinado em Amsterdã pelo extremista muçulmano Mohammad Bouyeri, encontrou-se, enfiada no ferimento feito à faca em seu ventre, uma carta dirigida à sua amiga Hirshi Ali, uma mulher somali membro do Parlamento holandês conhecida como uma ardorosa combatente pelos direitos das mulheres muçulmanas.[43] Se houve alguma vez um documento "fundamentalista", este é um. Ele começa com a estratégia retórica típica de imputar terror ao adversário:

> Desde seu aparecimento na arena política holandesa a senhora esteve constantemente ocupada em criticar os muçulmanos e aterrorizar o Islã com suas declarações.

Na visão de Bouyeri, Hirshi Ali – não ele próprio – é a "fundamentalista incrédula", e ao combatê-la, combate-se o terror fundamentalista. Essa carta demonstra como a postura sádica que gera sofrimento e terror em seu alvo só é possível depois que o sujeito sádico faz de si mesmo o instrumento-objeto da vontade de outrem. Examinemos mais detalhadamente a passagem essencial dessa carta que se concentra na morte como a culminação da vida humana:

> Há apenas uma certeza em toda a nossa existência, e é a de que tudo chega ao fim. Uma criança que vem a este mundo e enche o universo com seus primeiros gritos de vida deixará finalmente este mundo com um estertor. Uma folha de capim que consegue brotar da terra escura e é tocada pela luz do sol e alimentada pela chuva que cai, irá finalmente apodrecer, virar poeira e desaparecer. A morte, sra. Hirshi Ali, é um tema partilhado por todas as coisas na criação. A senhora e o resto da criação não podem escapar desta verdade.

> Chegará um dia em que uma alma não será capaz de ajudar uma outra alma. Um dia de torturas horríveis e tribulações dolorosas que acompanharão os gritos terríveis arrancados dos pulmões dos injustos. Gritos, sra. Hirshi Ali, que farão calafrios correrem pela espinha de alguém, e farão o cabelo em sua cabeça arrepiar-se. As pessoas parecerão estar bêbadas de medo, mesmo não tendo bebido. Nesse Grande Dia a atmosfera estará cheia de *medo*.

O passo do primeiro para o segundo parágrafo é decisivo aqui, é claro; à platitude geral de como tudo passa e se desintegra, como todos os seres vivos terminam na morte, segue-se a noção muito mais forçada, propriamente apocalíptica, desse momento da morte como o momento da verdade, o momento em que toda criatura se defronta com sua verdade e é isolada de todos os vínculos, privada de todo apoio solidário, absolutamente só diante do implacável julgamento de seu Criador – é por isso que a carta prossegue citando a descrição do Dia do Juízo do Corão: "Nesse dia o homem fugirá do seu irmão. Da sua mãe, do seu pai. Da sua mulher e de seus filhos. E todos eles nesse dia terão uma ocupação suficiente para eles. Faces [dos incrédulos] serão cobertas de poeira nesse dia. E eles serão envoltos em escuridão. Esses são os incrédulos pecadores." (Corão 80: 34-42.) Em seguida vem a passagem mais importante, a encenação do confronto central:

> É claro que a senhora, como uma extremista incrédula, não acredita na cena descrita acima. Para a senhora isso é apenas uma peça dramática fictícia tirada de um Livro como muitos outros. No entanto, sra. Hirshi Ali, eu apostaria minha vida que a senhora ficará banhada num *suor de medo* quando ler isto.

> A senhora, como uma fundamentalista incrédula, evidentemente não acredita que há um Poder Superior que rege o universo. Não acredita em seu coração, com o qual repudia a verdade, que deve bater e pedir permissão a esse Poder Superior. A senhora não acredita que sua língua, com que repudia a Direção desse Poder Superior, é subserviente às Suas leis. Não acredita que esse Poder Superior concede vida e Morte.
>
> Se a senhora realmente acredita em tudo isto, o seguinte desafio não lhe parecerá um problema. Eu a desafio com esta carta a provar que está certa. Não precisa fazer muito para isso, sra. Hirshi Ali: deseje a morte se está realmente convencida de estar certa. Se não aceitar este desafio, saberá que meu Senhor, o Altíssimo, a desmascarou como uma portadora de mentiras. "Se desejas a morte, estás sendo verdadeiro." Mas os maus "nunca desejam morrer, por causa do que suas mãos (e pecados) produziram. E Alá é o onisciente acima do portador de mentiras." (2: 94-95). *Para evitar que venha a mim o mesmo desejo que desejo para ti, eu desejarei esse desejo para ti*: o Senhor nos dá a morte para nos dar a felicidade do martírio." (Grifos meus.)

Cada um destes três parágrafos é uma pérola retórica. No primeiro, é o salto direto do medo que nós seres humanos experimentaremos quando enfrentarmos o julgamento final de Deus, no momento da morte, para o medo que o destinatário exatamente desta carta, Hirshi Ali, experimentará ao lê-la. Esse curto-circuito entre o medo induzido pela confrontação direta com Deus no momento da verdade e o medo engendrado aqui e agora pela leitura desta carta é uma marca registrada da perversão: o medo concreto de Hirshi Ali de ser morta, provocado pela carta de Bouyeri, é elevado a uma corporificação do medo que se espera que um ser humano mortal sinta quando confrontado com o olhar divino. A pérola no segundo parágrafo é o exemplo preciso usado para evocar a onipotência de Deus: não é apenas que Hirshi Ali não acredita em Deus – aquilo em que deveria acreditar é que mesmo sua própria difamação de Deus (a língua com que a profere) é também determinada pela vontade de Deus. Mas a pérola mais preciosa está escondida no último parágrafo, no modo como o desafio dirigido a Hirshi Ali é formulado: em sua brutal imposição (não apenas da disposição a morrer, mas) do desejo de morrer como prova da própria veracidade. Notamos aqui uma mudança quase imperceptível que indica a presença da lógica perversa: da disposição de Bouyeri a morrer pela verdade para sua disposição a morrer como uma prova direta de sua veracidade. É por isso que ele não somente não teme a morte, mas deseja ativamente morrer: de "se fores verdadeiro, não deverias temer a morte", um perverso passa para "se desejares a morte, és verdadeiro". Essa seção termina com uma anexação inacreditável da vontade de outra pessoa: "Eu desejarei esse desejo para ti." O raciocínio subjacente de Bouyeri é preciso e coerente em sua aparente incoerência: ele fará o que tem de fazer "*para evitar que venha a mim o mesmo desejo que desejo para ti*". O que isso pode significar? Não é que, ao desejar a morte, ele está fazendo precisamente o que queria evitar? Não aceita ele o mesmo desejo (o da morte) que deseja para ela (ele deseja a morte dela)?

A carta não desafia Hirshi Ali com relação a suas falsas crenças; a acusação é antes de que ela não acredita realmente no que afirma acreditar (suas difamações seculares), que ela não tem a chamada "coragem de suas próprias convicções": "Se a senhora realmente acredita no que afirma acreditar, aceite meu desafio, deseje morrer!" Isto nos traz à descrição que Lacan faz do perverso: o perverso desloca a divisão para o Outro. Hirshi Ali é um sujeito dividido, incongruente consigo mesma, desprovida da coragem de suas próprias crenças. Para evitar ser apanhado em tal divisão, o autor da carta abraçará o desejo de morte, tomando para si mesmo aquilo em que ela deveria ter acreditado. Assim o pronunciamento final da carta não deveria nos surpreender:

> Esta luta que irrompeu é diferente daquelas do passado. Os fundamentalistas incrédulos a iniciaram e os verdadeiros crentes vão encerrá-la. Nenhuma clemência será manifestada para com aqueles que promovem injustiça, somente a espada será levantada contra eles. Nenhuma discussão, nenhuma distração, nenhuma súplica: somente a MORTE irá separar a Verdade das Mentiras.

Não sobra nenhum espaço para a mediação simbólica, para a argumentação, a discussão, proclamações, até para a pregação – a única coisa que separa a Verdade da Mentira é a morte, a disposição do sujeito verdadeiro a morrer e o desejo de fazê-lo. Não admira que Michel Foucault fosse fascinado pelo martírio político islâmico. Nele, discernia os contornos de um "regime de verdade" diferente daquele do Ocidente, um regime em que os indicadores supremos de verdade não são a precisão factual, a coerência do raciocínio ou a sinceridade das confissões de alguém, mas a disposição a morrer.[44] O falecido papa João Paulo II propagou a "cultura da vida" católica como nossa única esperança contra a "cultura da morte" niilista de hoje, cujas manifestações são o hedonismo desenfreado, os abortos, a dependência de drogas e a confiança cega no desenvolvimento científico e tecnológico. O fundamentalismo religioso (não somente muçulmano, mas também cristão) nos põe diante de uma outra "cultura da morte" mórbida, muito mais próxima do cerne da experiência religiosa do que os crentes se dispõem a admitir.

A questão que deveríamos enfrentar é esta: o que, então, o perverso não compreende em seu esforço para separar absolutamente Verdade de Mentiras? A resposta é, evidentemente: *a verdade da própria mentira*, a verdade que é proferida no próprio ato de mentir e através dele. Paradoxalmente, a falsidade do perverso reside em seu próprio apego incondicional à verdade, em sua recusa a dar ouvidos à verdade que ressoa numa mentira. Em *Bem está o que bem acaba*, Shakespeare forneceu um *insight* surpreendentemente refinado do emaranhamento de verdade e mentiras. O conde Bertram, que por ordem do rei foi obrigado a se casar com Helena, a filha de um simples médico, se recusa a viver com ela e a consumar o casamento, dizendo-lhe que só concordará em ser seu marido se ela conseguir se apoderar do anel de seu dedo e gerar um filho seu – coisas que Bertram pretende impedir. Ao mesmo tempo, Bertram tenta seduzir a jovem e bela Diana. Helena e Diana tramam um plano para trazer Bertram de volta a sua fiel esposa. Diana concorda em passar a noite com Bertram, dizendo-lhe para visitar seu quarto à meia-noite; ali, no escuro, o casal troca seus anéis e faz amor. No entanto, sem que Bertram soubesse, a mulher com que ele passou a noite não era Diana, mas Helena, sua esposa. Mais tarde, quando são confrontados, Bertram tem de admitir que ambas as suas condições para reconhecer o casamento foram atendidas. Helena conseguiu seu anel e está grávida de seu filho. Qual é, então, o status de seu ardil, ao fazê-lo supor que estava na cama com Diana? Bem no final do Terceiro Ato, a própria Helena fornece uma definição maravilhosa:

> Why then to-night
> Let us assay our plot; which, if it speed,
> Is wicked meaning in a lawful deed
> And lawful meaning in a wicked act,
> Where both not sin, and yet a sinful fact:
> But let's about it.*

Estamos efetivamente lidando tanto com um "wicked meaning in a lawful deed", uma intenção depravada num ato lícito (o que pode ser mais lícito que um casamento consumado, um marido dormindo com sua esposa? No entanto, a intenção é depravada: Bertram pensa estar dormindo com Diana) quanto com um "lawful meaning in a wicked act", uma intenção lícita num ato depravado (a intenção – o que Helena pretende – é lícita, dormir com seu marido, mas o ato é depravado: ela engana seu marido, que a leva para a cama pensando estar lhe sendo infiel). Na situação, "both not sin, and yet a sinful fact", o casal não peca, mas pratica um ato pecaminoso: não peca, porque o que ocorre é meramente a consumação de um casamento; mas pratica um ato pecaminoso, algo que envolveu embuste intencional por parte de ambos os parceiros. A verdadeira questão aqui não é "bem está o que bem acaba" – se o resultado

* *Bem está o que bem acaba*, Ato III. Tradução livre: "Esta noite então/ testemos nosso plano: bem-sucedido,/ é má intenção em um feito legítimo/ e intenção legítima em um feito mau,/ onde ambos não pecam, mas ainda um fato pecaminoso./ Mas vamos à obra." (N.T.)

final (nada de errado realmente aconteceu, e o casal casado está novamente unido, o vínculo conjugal plenamente afirmado) cancela os ardis e intenções pecaminosas –, mas uma questão mais radical: e se o império da lei só puder ser afirmado através de intenções e atos depravados (pecaminosos)? E se, para reinar, a lei tiver de se basear na ação recíproca de embustes e enganos? É isso que Lacan tem em mente com sua proposição paradoxal *Il n'y a pas de rapport sexuel* [Não existe relação sexual]: a situação de Bertram durante a noite de amor não era o destino da maioria dos casais casados? Você faz amor com sua parceira legítima enquanto está "enganando em sua mente", fantasiando estar fazendo amor com uma outra parceira. A relação sexual real tem de ser sustentada por esse suplemento fantasístico.

Como gostais propõe uma versão diferente dessa lógica do duplo embuste. Orlando está apaixonado por Rosalinda, que, para testar o amor dele, disfarça-se como Ganimedes e, na condição de um companheiro masculino, interroga Orlando sobre o seu amor. Ela chega a assumir a personalidade de Rosalinda (num duplo mascaramento, finge ser ela mesma, ser Ganimedes que faz de conta que é Rosalinda) e convence sua amiga Celia (disfarçada como Aliena) a casá-los numa cerimônia simulada. Nessa cerimônia, Rosalinda literalmente finge fingir ser o que ela é: a própria verdade, para vencer, tem de ser *encenada* numa dupla impostura – de modo análogo a *Bem está o que bem acaba*, em que o casamento, para ser afirmado, tem de ser consumado sob a aparência de um caso extraconjugal.

A aparência se sobrepõe de maneira semelhante à verdade numa autopercepção ideológica. Lembremos a brilhante análise de Marx de como, na revolução francesa de 1848, o Partido da Ordem, conservador-republicano, funcionava como uma coalizão das duas facções do realismo (orleanistas e legitimistas) no "reino anônimo da República".[45] O deputados do Partido da Ordem percebiam seu republicanismo como uma troça: em debates parlamentares, cometiam atos falhos republicanos e zombavam da República para deixar que se soubesse que seu verdadeiro objetivo era restaurar a monarquia. O que não sabiam era que eles próprios se enganavam quanto ao verdadeiro impacto social de seu governo. Sem o saber, eles estabeleceram as condições da ordem republicana que tanto desprezavam (por exemplo, ao garantir a segurança da propriedade privada). Assim, não é que fossem realistas que apenas usavam uma máscara republicana: embora se experimentassem como tais, era sua convicção realista "interior" que era a fachada enganosa mascarando seu verdadeiro papel social. Em suma, longe de ser a verdade oculta de seu republicanismo público, seu realismo sincero era o financiador fantasístico de seu real republicanismo – era o que fornecia a paixão em sua atividade. Não é o caso, então, de dizer que os deputados do Partido da Ordem estavam também fingindo fingir ser republicanos, para ser o que realmente eram?

Da perspectiva lacaniana, o que é então a *aparência* em sua forma mais radical? Imagine um homem que está tendo um caso sem que sua mulher o saiba. Quando vai se encontrar com a amante, ele finge estar numa viagem de negócios ou algo do gênero. Depois de algum tempo, ele toma coragem de contar a verdade à sua mulher: que quando está fora, está de fato com a amante. Nesse ponto, contudo, quando a fachada do casamento feliz se desintegra, a amante fica perturbada e, por compaixão pela esposa abandonada, evita se encontrar com seu amante. O que deveria o marido fazer para não dar à sua mulher o sinal errado? Como pode impedi-la de concluir que o fato de ele estar fazendo menos viagens de negócios significa que ele está retornando para ela? Ele tem de *fingir* o caso e sair de casa por uns dias, gerando a falsa impressão de que o caso continua, quando de fato está apenas se hospedando com algum amigo. Isso é aparência em sua forma mais pura: ela ocorre não quando erguemos uma tela enganosa para ocultar uma transgressão, mas quando fingimos que há uma transgressão a ocultar. Nesse sentido preciso, a própria fantasia é uma aparência para Lacan: ela não é primariamente a máscara que oculta o real sob si, mas sim a fantasia do que está escondido por trás da máscara. Assim, por exemplo, a fantasia masculina fundamental relativamente à mulher não é sua aparência sedutora, mas a ideia de que essa aparência deslumbrante esconde algum mistério imponderável.

Para demonstrar a estrutura desse engano duplicado, Lacan lembrou a história da competição, na Grécia Antiga, entre os pintores Zêuxis e Parrásio, para ver quem conseguiria pintar a ilusão mais convincente.[46] Zêuxis produziu uma imagem de uvas tão realista que passarinhos famintos tentaram bicá-las. Parrásio venceu pintando uma cortina na parede de seu quarto – ao lhe fazer uma visita, Zêuxis pediu: "Por favor, abra a cortina e mostre-me o que pintou!" Na pintura de Zêuxis, a ilusão era tão convincente que a imagem foi tomada pela coisa real; na pintura de Parrásio, a ilusão residia na própria noção de que o que o espectador via era uma cortina trivial encobrindo a verdade oculta. Para Lacan, essa é também a função da mascarada feminina: a mulher usa uma máscara para nos fazer reagir como Zêuxis diante da pintura de Parrásio: *Está certo, tire a máscara e mostre quem você realmente é!* Do mesmo modo, podemos imaginar Orlando, depois da falsa cerimônia de casamento, virando-se para Rosalinda-Ganimedes e dizendo-lhe: "Você representou Rosalinda tão bem que quase me fez acreditar que era ela; agora pode voltar ao que é e ser Ganimedes de novo." Não é por acaso que os agentes desses duplos disfarces são sempre mulheres: um homem pode apenas fingir ser uma mulher; só uma mulher pode fingir ser um homem que está fingindo ser uma mulher, porque só uma mulher é capaz de *fingir ser o que é* – ser uma mulher.

Para explicar esse status especificamente feminino da simulação, Lacan refere-se a uma mulher que usa um pênis falso escondido para comunicar que ela é um falo:

> Assim é a mulher por trás de seu véu: é a ausência do pênis que faz dela o falo, objeto do desejo. Evoquem essa ausência de maneira mais precisa, fazendo-a usar um mimoso postiço debaixo do (tra)vestido de baile a fantasia, e vocês, ou sobretudo ela, verão que tenho razão.[47]

A lógica aqui é mais complexa do que pode parecer: não é apenas que o pênis obviamente falso evoca a ausência do pênis "real"; num paralelo estrito com a pintura de Parrásio, a primeira reação do homem ao ver os contornos do falso pênis é: "Tire fora essa ridícula falsificação e mostre-me o que você tem por baixo!" Com isso o homem deixa de perceber como o falso pênis é a coisa real: o "falo", que a mulher é, é a sombra gerada pelo falso pênis, i.e., o espectro do falo "real" não existente sob o disfarce do falso falo. Nesse sentido preciso, a mascarada feminina tem a estrutura da imitação, uma vez que, para Lacan, na imitação eu não imito a imagem em que quero me encaixar, mas aquelas características da imagem que parecem indicar que há alguma realidade oculta por trás. Como com Parrásio, não imito as uvas, mas o véu: "O mimetismo dá a ver algo enquanto distinto do que poderíamos chamar um *ele-mesmo* que está por trás."[48] O status do próprio falo é o de uma imitação. O falo é em última análise uma espécie de borrão no corpo humano, um traço excessivo que não se encaixa no corpo e assim gera a ilusão de uma outra realidade oculta atrás da imagem.

Isto nos leva de volta à perversão. Para Lacan, um perverso não é definido pelo conteúdo do que está fazendo (suas práticas sexuais estranhas). A perversão, fundamentalmente, reside na estrutura formal de como o perverso se relaciona com a verdade e a fala. O perverso reivindica acesso direto a algumas figuras do grande Outro (que vai de Deus ou da história ao desejo de seu parceiro), de modo que, dissipando todas as ambiguidades da linguagem, ele seja capaz de agir diretamente como o instrumento da vontade do grande Outro. Nesse sentido, tanto Osama Bin Laden quanto o presidente Bush, embora adversários políticos, partilham as estruturas de um perverso. Ambos agem com base no pressuposto de que seus atos são diretamente ordenados e guiados pela vontade divina.

A recente maré de fundamentalismo religioso nos Estados Unidos – cerca da metade dos adultos no país têm crenças que podem ser consideradas "fundamentalistas" – é sustentada pela predominância de uma economia libidinal perversa. Um fundamentalista não acredita, ele sabe diretamente. Tanto os cínicos liberais céticos quanto os fundamentalistas partilham uma característica subjacente básica: a perda da capacidade de acreditar, no sentido próprio do termo. O impensável para eles é a decisão infundada que instala todas as crenças autênticas, uma decisão que não pode ser baseada numa cadeia de raciocínios, no conhecimento positivo. Pensemos em Anne Frank, que diante da aterrorizante depravação dos nazistas, num verdadeiro ato de *credo quia absurdum*, declarou sua crença de que há uma centelha de bondade em todo ser humano, por mais depravado que seja. Esta afirmação não diz respeito a fatos – é postulada como um puro axioma ético. Da mesma maneira, o status dos direitos humanos universais é o de uma pura crença: eles não podem ser baseados em nosso conhecimento da natureza humana, são um axioma postulado por decisão nossa. (No momento em que se tentar fundar os direitos humanos universais em nosso conhecimento da humanidade, a conclusão inevitável será que as pessoas são fundamentalmente diferentes, assim algumas têm mais dignidade e sabedoria que outras.) Em sua essência mais fundamental, a crença autêntica não diz respeito a fatos, mas dá expressão a um compromisso ético incondicional.

Tanto para os cínicos liberais quanto para os fundamentalistas religiosos, as afirmações religiosas são afirmações quase empíricas de conhecimento direto: os fundamentalistas as aceitam como tais, enquanto os cínicos céticos zombam delas. Não admira que os fundamentalistas religiosos estejam entre os *hackers* digitais mais apaixonados, e sempre inclinados a combinar sua religião com as últimas descobertas da ciência. Para eles, afirmações religiosas e afirmações científicas pertencem à mesma modalidade de conhecimento positivo. A ocorrência do termo "ciência" no próprio nome de algumas das seitas fundamentalistas (Ciência Cristã, Cientologia) não é apenas uma piada obscena, mas indica essa redução da crença ao conhecimento positivo. O caso do Sudário de Turim (um pedaço de pano que supostamente teria sido usado para cobrir o corpo do Cristo morto e teria manchas do seu sangue) é instrutivo aqui.

Sua autenticidade seria um horror para todo verdadeiro crente (a primeira coisa a fazer seria analisar o DNA das manchas de sangue e decidir empiricamente a questão de quem foi o pai de Jesus), ao passo que um verdadeiro fundamentalista se deleitaria com essa oportunidade. Encontramos a mesma redução de crença a conhecimento no islamismo atual, que abunda em centenas de livros da autoria de cientistas que "demonstram" como os mais recentes avanços científicos confirmam os *insights* e injunções do Corão: a proibição divina do incesto é confirmada por conhecimento genético recente sobre crianças defeituosas nascidas de incesto. O mesmo pode ser dito do budismo, em que muitos cientistas se aproveitam do tema do "Tao da física moderna", mostrando como a visão científica contemporânea da realidade como um fluxo insubstancial de eventos oscilantes confirmou finalmente a antiga ontologia budista.* Somos compelidos a extrair a conclusão paradoxal de que, na oposição entre humanistas seculares tradicionais e fundamentalistas religiosos, são os humanistas que tomam o partido da crença, ao passo que os fundamentalistas tomam o partido do conhecimento. Isto é o que podemos aprender, a partir de Lacan, sobre a ascensão do fundamentalismo religioso: seu verdadeiro perigo não reside na sua ameaça ao conhecimento científico secular, mas em sua ameaça à própria crença autêntica.

* Um dos excessos ridículos dessa *joint venture* entre o fundamentalismo religioso e a abordagem científica está ocorrendo hoje em Israel, onde um grupo religioso convencido da verdade literal da profecia do Antigo Testamento de que o Messias virá quando nascer um bezerro totalmente vermelho está gastando enormes quantidades de tempo e energia para produzir um bezerro assim através de engenharia genética.

Talvez a maneira adequada de terminar este livro seja mencionar o caso de Sophia Karpai, a chefe da unidade cardiológica do hospital do Kremlin no fim dos anos 40. Seu ato, o oposto da elevação perversa de si mesmo a um instrumento do grande Outro, merece ser chamado de um verdadeiro ato ético no sentido lacaniano. Seu infortúnio foi ter sido incumbida duas vezes de fazer eletrocardiogramas em Andrei Zhdanov, em 25 de julho de 1948 e novamente em 31 de julho, dias antes de ele morrer por falência cardíaca. O primeiro ECG, feito depois que Zhdanov manifestou alguns sintomas cardíacos, foi inconclusivo (não foi possível nem confirmar nem excluir um ataque cardíaco), ao passo que o segundo, surpreendentemente, mostrou um quadro mais favorável (o bloqueio intraventricular tinha desaparecido, uma clara indicação de que não havia ataque cardíaco). Em 1951, Sophia foi presa sob a acusação de que, em conluio com outros médicos que tratavam de Zhdanov, havia falsificado dados clínicos, apagando as claras indicações de que um ataque cardíaco *havia* ocorrido, e assim privando Zhdanov dos cuidados especiais requeridos pela vítima de um ataque cardíaco. Após maus-tratos, incluindo surras brutais contínuas, todos os outros médicos acusados confessaram. "Sophia Karpai, a quem seu chefe Vinogradov havia descrito como nada mais que 'uma típica pessoa comum com a moral da pequena burguesia', foi mantida numa cela refrigerada sem dormir para que confessasse. Ela não o fez."[49] O impacto e o significado de sua perseverança não podem ser superestimados: sua assinatura teria encerrado definitivamente a causa do promotor sobre "a conspiração dos médicos", pondo imediatamente em movimento mecanismos que, uma vez desencadeados, teriam levado à morte de centenas de milhares de pessoas, talvez até a uma nova guerra europeia (segundo o plano de Stálin, a "conspiração dos médicos" pretendia demonstrar que as agências ocidentais de informação tinham tentado assassinar altos líderes soviéticos, e assim fornecer uma desculpa para um ataque à Europa ocidental). Karpai resistiu por tempo suficiente para que Stálin entrasse em seu coma final, depois do que todo o caso foi imediatamente abandonado. Seu heroísmo simples foi decisivo na série de detalhes que, "como grãos de areia nas engrenagens da enorme máquina que havia sido posta em movimento, evitou mais uma catástrofe na sociedade soviética e na política em geral e salvou as vidas de milhares, se não milhões de pessoas inocentes".[50]

A simples persistência contra todas as probabilidades é em última análise a matéria de que a ética é feita – ou, como Samuel Beckett o expressa nas últimas palavras da obra-prima absoluta da literatura do século XX, *O inominável*, uma saga da pulsão que persevera sob o disfarce de um objeto parcial morto-vivo, "no silêncio você não sabe, você deve continuar, eu não posso continuar, eu continuarei".[51]

Notas

1. Jacques Lacan, *O Seminário*, livro 7, *A ética da psicanálise*, Rio de Janeiro, Zahar, 1988, p.359.
2. Ver Todd Dufresne, *Killing Freud: 20th Century Culture and the Death of Psychoanalysis*, Londres, Continuum Books, 2004.
3. *Le livre noir du communisme*, Paris, Robert Laffont, 2000.
4. *Le livre noir de la psychanalyse: vivre, penser et aller mieux sans Freud*, Paris, Les Arènes, 2005.
5. Jacques Lacan, *Escritos*, Rio de Janeiro, Zahar, 1998, p.273.
6. Janet Malcolm, *The Silent Woman*, Londres, Picador, 1994, p.172.
7. Adam Morton, *On Evil*, Londres, Routledge, 2004, p.51.
8. Jacques Lacan, *Escritos*, op.cit., p.286.
9. Ibid., p.287.
10. Jacques Lacan, *O Seminário*, livro 7, *A ética da psicanálise*, op.cit., p.299.
11. Baseio-me aqui em Robert Pfaller, *Illusionen der Anderen*, Frankfurt, Suhrkamp, 2003.
12. Ver Michel de Certeau, "What We Do When We Believe", in Marshall Blonsky (org.), *On Signs*, Baltimore, The Johns Hopkins University Press, 1985, p.200.
13. Jean-Pierre Dupuy, *Avions-nous oublié le mal? Penser la politique après le 11 septembre*, Paris, Bayard, 2002.
14. Ver John Rawls, *A Theory of Justice*, Cambridge (MA), Harvard University Press, 1971 (edição revista 1999).
15. Ver Friedrich Hayek, *The Road to Serfdom*, Chicago, University of Chicago Press, 1994.
16. Jacques Lacan, *O Seminário*, livro 3, *As psicoses*, 2ª ed., Rio de Janeiro, Zahar, 1988, p.50.
17. Jacques Lacan, *Escritos*, op.cit., p.829.
18. Guillermo Arriaga, *21 Grams*, Londres, Faber & Faber, 2003, p.107. Reproduzido aqui com a permissão de Faber & Faber.
19. Daniel C. Dennett, *Consciousness Explained*, Nova York, Little, Brown & Company, 1991, p.132.
20. Sigmund Freud, *Dora: An Analysis of a Case of Hysteria*, Nova York, Macmillan, 1963, p.101.

21. Jacques Lacan, *O Seminário*, livro 11, *Os quatro conceitos fundamentais da psicanálise*, Rio de Janeiro, Zahar, 1985, p.59.
22. Stephen Mulhall, *On Film*, Londres, Routledge, 2001, p.19.
23. Herman Melville, *Moby Dick*, trad. Irene Hirsch e Alexandre Barbosa de Souza, São Paulo, Cosac Naify, 2008, p.435.
24. Jacques Lacan, *O triunfo da religião*, Rio de Janeiro, Zahar, 2005, p.77.
25. Ibid., p.79.
26. Joseph Campbell, *The Power of Myth*, Nova York, Doubleday, 1988, p.222.
27. Brian Greene, *The Elegant Universe*, Nova York, Norton, 1999, p.116-9.
28. Jacques Lacan, *O Seminário*, livro 20, *Mais, ainda*, Rio de Janeiro, Zahar, 1985, p.11.
29. Jacques Lacan, *O Seminário*, livro 7, *A ética da psicanálise*, op.cit., p.363.
30. Ibid., p.373.
31. Baseio-me aqui em Richard Maltby, "'A Brief Romantic Interlude': Dick and Jane go to 3½ Seconds of the Classic Hollywood Cinema", in *Post-Theory*, David Bordwell e Noel Carroll (orgs.), Madison, University of Wisconsin Press, 1996, p.434-59.
32. Trecho do roteiro de *Casablanca* – cortesia de Turner Entertainment Co. Casablanca e todos os seus personagens e elementos são marca registrada de © Turner Entertainment Co.
33. Maltby, "'A Brief Romantic Interlude'", op.cit., p.443.
34. Ibid., p.441.
35. F. Scott Fitzgerald, *O último magnata*, trad. Carlos Eugênio Marcondes de Moura, Porto Alegre, LP&M, 2006, p.71-2.
36. Jacques Lacan, *O Seminário*, livro 11, *Os quatro conceitos fundamentais da psicanálise*, op.cit., p.60.
37. Jacques Lacan, *O Seminário*, livro 2, *O eu na teoria de Freud e na técnica da psicanálise*, Rio de Janeiro, 1985, p.165.
38. Karl Marx, *O Capital*, vol.1, Harmondsworth, Penguin Books, p.163.
39. Citado de Jana Cerna, *Kafka's Milena*, Evanston, Northwestern University Press, 1993, p. 174.
40. Esta e as próximas citações de Dostoiévski, "Bobók", trad. Paulo Bezerra, in Paulo Bezerra, *Dostoiévski: Bobók (Tradução e análise do conto)*, São Paulo, Editora 34, 2005.
41. Jacques Lacan, *O Seminário*, livro 11, *Os quatro conceitos fundamentais da psicanálise*, op.cit., p.175.
42. Hannah Arendt, *Eichmann in Jerusalem: a report on the banality of evil*, Harmondsworth, Penguin Books, 1963, p.98.

43. Disponível em http://www.militantislammonitor.org/article/id/320.
44. Ver Janet Avery e Kevin B. Anderson, *Foucault and the Iranian Revolution*, Chicago, The University of Chicago Press, 2005.
45. Ver Karl Marx, "Class Struggles in France", *Collected Works*, vol. 10, Londres, Lawrence and Wishart, 1978, p.95.
46. Ver Jacques Lacan, *O Seminário*, livro 11, *Os quatro conceitos fundamentais da psicanálise*, op.cit., p.100-1.
47. Jacques Lacan, *Escritos*, op.cit., p.840.
48. Jacques Lacan, *O Seminário*, livro 11, *Os quatro conceitos fundamentais da psicanálise*, op.cit., p.98.
49. Jonathan Brent e Vladimir P. Naumov, *Stalin's Last Crime*, Nova York, HarperCollins, 2003, p.307.
50. Ibid., p.297.
51. Samuel Beckett, *Trilogy*, Londres, Calder Publications, 2003, p.418.

Cronologia

1901 Em 13 de abril, Jacques-Marie-Émile Lacan nasce em Paris, numa família de sólida tradição católica. É educado no Collège Stanislas, dirigido por jesuítas. Depois de seu *baccalauréat*, estuda medicina e mais tarde psiquiatria.

1927 Inicia a formação clínica, trabalha no Hôpital Sainte-Anne. Um ano depois, trabalha no Serviço de Enfermaria Especial, dirigido por Clérambault.

1932 Obtém o doutorado com a tese *De la psychose paranoïaque dans ses rapports avec la personnalité.*

1933 A riqueza de sua tese, especialmente a análise do caso de Aimée, torna-o famoso junto aos surrealistas. Entre este ano e 1939, faz o curso de Kojève na École Pratique des Hautes Études, uma "Introdução à leitura de Hegel".

1934 Casa-se com Marie-Louise Blondin, mãe de Caroline, Thibaut e Sibylle. Enquanto em análise com Rudolph Loewenstein, torna-se membro de La Société Psychanalytique de Paris (SPP).

1940 Trabalha em Val-de-Grâce, o hospital militar em Paris. Durante a ocupação alemã, não toma parte em nenhuma atividade oficial.

1946 Em 1946, a SPP retoma suas atividades e Lacan, com Sacha Nacht e Daniel Lagache, encarrega-se de análises didáticas e supervisões e desempenha importante papel teórico e institucional.

1951 A SPP começa a levantar a questão das sessões curtas de Lacan como opostas à hora analítica usual.

1953 Em janeiro Lacan é eleito presidente da SPP. Seis meses mais tarde, renuncia para ingressar na Société Française de Psychanalyse (SFP) com Lagache, Françoise Dolto e Juliette Favez-Boutonnier, entre outros. Em Roma, Lacan pronuncia seu relatório "Função e campo da fala e da linguagem em psicanálise". Em 17 de julho casa-se com Sylvia Maklès, mãe de Judith. Naquele outono, Lacan inicia seus seminários no Hôpital Sainte-Anne.

1954 Os dez primeiros seminários elaboram noções fundamentais sobre a técnica psicanalítica, os conceitos fundamentais da psicanálise e a sua ética. Durante esse período Lacan escreve, com base em seus seminários, conferências e comunicações em colóquios, que constituem os principais textos encontrados em *Escritos* em 1966.

1956 Os seminários atraem celebridades (a análise de Jean Hyppolite do artigo de Freud sobre a *Negação*, apresentada no primeiro seminário, é um exemplo muito conhecido). Alexandre Koyré, Claude Lévi-Strauss, Maurice Merleau-Ponty, o etnólogo Marcel Griaule e Émile Benveniste, entre outros, frequentam os cursos de Lacan.

1962 Membros da SFP querem ser reconhecidos pela International Psycho-Analytical Association (IPA). A IPA emite um ultimato: o nome de Lacan dever ser riscado da lista dos didatas.

1963 Duas semanas antes do prazo final fixado pela IPA (31 de outubro), o comitê de didatas da SFP abandona sua corajosa posição de 1962 e se pronuncia a favor da proscrição: Lacan não é mais um dos seus didatas.

1964 Lacanianos formam um Grupo de Estudos sobre Psicanálise organizado por Jean Clavreul, até que Lacan funda oficialmente a École Française de Psychanalyse, que logo se torna a École Freudienne de Paris (EFP). Com o apoio de Lévi-Strauss e Althusser, ele é nomeado conferencista na École Pratique des Hautes Études.

1965 Em janeiro Lacan inicia seu novo seminário, sobre "Os quatro conceitos fundamentais da psicanálise", na École Normale Supérieure (ENS). Sua audiência é composta por analistas e jovens estudantes de filosofia na ENS, notadamente Jacques-Alain Miller.

1966 Publicação de *Écrits*, em Paris. O livro atrai considerável atenção para a EFP, estendendo-se muito além da *intelligentsia*.

1967 Lacan apresenta o *Acte de Fondation* da EFP; sua novidade reside no procedimento de passe. O passe consiste em atestar, diante de dois passadores, a própria experiência como analisando e especialmente o momento decisivo da passagem da posição de analisando para a de analista. Os passadores são escolhidos por seus analistas (geralmente analistas da EFP) e deveriam estar no mesmo estágio em sua experiência analítica que o passante. Eles o ouvem e depois, sucessivamente, atestam o que ouviram diante de um comitê de aprovação composto pelo diretor, Lacan, e algum AE, analista da escola. A função desse comitê é escolher os analistas da Escola e elaborar, depois do processo de seleção, um "trabalho de doutrina".

1969 A emissão do passe invade constantemente a vida da EFP. O "quatrième groupe" é formado em torno daqueles que se demitem da

EFP contestando os métodos de Lacan para a formação e o credenciamento de analistas. Lacan toma uma posição na crise da universidade que se segue a maio de 1968. "Se a psicanálise não pode ser articulada como um conhecimento e ensinada como tal, ela não tem lugar na universidade, que lida somente com o conhecimento." O diretor da ENS encontra um pretexto para dizer a Lacan que ele não é mais bem-vindo na instituição no início do ano acadêmico. Além disso, a revista *Cahiers pour l'Analyse* tem que deixar de ser publicada, mas Vincennes aparece como uma alternativa. Michel Foucault pede a Lacan para criar e dirigir o Departamento de Psicanálise em Vincennes. Graças a Lévi-Strauss, Lacan transfere seus seminários para a escola de direito no Panthéon.

1974 O Departamento de Psicanálise de Vincennes é renomeado como Le Champ Freudien com Lacan como seu diretor e Jacques-Alain Miller como presidente.

1980 Em 9 de janeiro Lacan anuncia a dissolução da EFP e pede àqueles que desejam continuar trabalhando com ele que declarem suas intenções por escrito. Recebe mais de mil cartas em uma semana. Em 21 de fevereiro, Lacan anuncia a fundação da escola La Cause Freudienne, mais tarde renomeada L'École de la Cause Freudienne.

1981 Em 9 de setembro, Lacan morre em Paris.

Sugestões de leituras adicionais

Afora textos curtos ocasionais (introduções e posfácios, intervenções improvisadas transcritas e entrevistas etc.), a obra de Lacan organiza-se claramente em dois grupos: seminários (conduzidos diante de um público crescente todas as semanas durante o ano escolar, de 1953 até sua morte) e escritos (textos teóricos escritos). O paradoxo apontado por Jean-Claude Milner é que, em contraste com a divisão usual entre ensinamento oral secreto e obras impressas para o grande público, os escritos de Lacan são "elitistas", legíveis somente para um círculo íntimo, ao passo que seus seminários dirigem-se a uma audiência mais ampla, e, como tal, são mais acessíveis. É como se Lacan primeiro desenvolvesse certa linha teórica de maneira direta, com todas as suas oscilações e becos sem saída, e depois passasse a condensar o resultado em cifras precisas, mas comprimidas. De fato, os seminários e escritos de Lacan relacionam-se como o discurso de analisando e analista durante o tratamento. Em seminários, Lacan age como analisando: ele "associa livremente", improvisa, omite e salta, dirigindo-se a seu público, que é assim posto no papel de um analista coletivo. Em comparação, seus escritos são mais condensados, expressos segundo fórmulas; eles lançam proposições ilegíveis, ambíguas, que muitas vezes parecem oráculos, desafiando o leitor a começar a trabalhar sobre elas, a traduzi-las em teses claras e fornecer exemplos e demonstrações lógicas de seu sentido. Em contraste com o procedimento acadêmico usual, em que o autor formula uma tese e depois tenta sustentá-la através de argumentos, Lacan não só deixa esse trabalho o mais das vezes para o leitor, como frequentemente o leitor precisa determinar qual é exatamente a tese de Lacan entre a multidão de formulações conflitantes ou diante da ambiguidade de uma única formulação oracular. Nesse sentido preciso, os escritos de Lacan são como as intervenções de um analista, cujo objetivo não é fornecer ao analisando uma opinião ou afirmação pronta, mas pôr o analisando para trabalhar.

O que ler, então, e quando? Escritos ou seminários? A única resposta adequada é uma variação da velha piada do "chá ou café": Sim, por favor! Devemos ler ambos. Se você for diretamente para os escritos, não compreenderá nada, por isso deveria começar com os seminários – mas não parar neles, uma vez que, se não ler nada senão os seminários, também não terá sucesso. A impressão de que os seminários são mais claros e mais transparentes que os escritos é profundamente enganosa: eles frequentemente oscilam, experimentam com diferentes abordagens. A maneira apropriada é ler um seminário e em seguida passar a ler o escrito correspondente de maneira a "perceber a essência" do seminário. Estamos lidando aqui com uma temporalidade de *Nachträglichkeit* (grosseiramente traduzido como "ação adiada"), característica do próprio tratamento analítico: os escritos são claros, fornecem fórmulas precisas, mas só os podemos compreender depois de ler os seminários que preenchem seu pano de fundo. Dois casos notáveis são o *Seminário 7, A ética da psicanálise* e o escrito correspondente, "Kant com Sade", e o *Seminário 11, Os quatro conceitos fundamentais da psicanálise* e "Posição do inconsciente".

Toda a obra de Lacan é publicada no Brasil pela editora Zahar, sempre seguindo de perto os lançamentos na França. Mais da metade dos seminários de Lacan está disponível atualmente em francês e em português, bem como *Escritos* e *Outros escritos*. O próprio Lacan atribuiu a Jacques-Alain Miller a tarefa de editar seus seminários, designando-o como "o (único) que sabe como me ler". Nisto, estava certo: os numerosos escritos de Miller são de longe a melhor introdução a Lacan. Miller opera o milagre de tornar uma página obscura dos escritos completamente transparente, de modo que ficamos nos perguntando: "Como foi que não percebi isso sozinho?" Para os seminários individuais, há, dele, *Perspectivas do Seminário 5* e *Perspectivas do Seminário 23* (Rio de Janeiro, Zahar, 1999 e 2009), bem como *Para ler o Seminário 11 de Lacan*, organizado por Richard Feldman, Bruce Fink e Maire Jaanus (Rio de Janeiro, Zahar, 1998).

Aqui estão alguns outros livros indispensáveis:

Ainda de Jacques-Alain Miller, *Percurso de Lacan* e *Lacan elucidado* (Rio de Janeiro, Zahar, 1988 e 1997). Do também já mencionado Bruce Fink, *O sujeito lacaniano* (Rio de Janeiro, Zahar, 1998).

Uma boa introdução geral curta é *Lacan, o grande freudiano*, de Marco Antonio Coutinho Jorge e Nadiá Paulo Ferreira (Rio de Janeiro, Zahar, 2005). Também de Marco Coutinho, *Lacan e a formação do psicanalista* (Rio de Janeiro, Contra Capa, 2006).

Uma das melhores introduções clínicas é de Darian Leader, *Why Do Women Write More Letters Than They Post?*, Londres, Faber & Faber, 1996. [Ed. bras.: *Por que as mulheres escrevem mais cartas do que enviam?*, Rio de Janeiro, Rocco, 1998.]

De J.-D. Nasio, *Cinco lições sobre a teoria de Jacques Lacan* (Rio de Janeiro, Zahar, 1993). De Antonio Quinet, *As 4 + 1 condições da análise* (Rio de Janeiro, Zahar, 1991) e de Antonio Godino Cabas *O sujeito na psicanálise* (Rio de Janeiro, Zahar, 2009).

O melhor do que os lacanianos chamam de "conexões do Campo Freudiano" (a leitura lacaniana de fenômenos culturais e sociais): Eric Santner, *My Own Private Germany*, Princeton, Princeton University Press, 1996 [Ed. bras.: *A Alemanha de Schreber*, Rio de Janeiro, Zahar, 1997].

Para uma biografia de Lacan, *Jacques Lacan: Esboço de uma vida, história de um sistema* (São Paulo, Companhia das Letras, 1994), de Elisabeth Roudinesco, ainda pode ser considerada a melhor, fornecendo uma enorme quantidade de dados (embora a interpretação dos mesmos seja por vezes problemática).

E, *last but not least*, entre os numerosos websites dedicados a Lacan, o melhor ainda é www.lacan.com.

Índice remissivo

1ª EDIÇÃO [2010] 11 reimpressões

ESTA OBRA FOI COMPOSTA POR SUSAN JOHNSON EM DANTE PRO
E IMPRESSA EM OFSETE PELA GRÁFICA PAYM SOBRE PAPEL PÓLEN DA
SUZANO S.A. PARA A EDITORA SCHWARCZ EM ABRIL DE 2025

A marca FSC® é a garantia de que a madeira utilizada na fabricação do papel deste livro provém de florestas que foram gerenciadas de maneira ambientalmente correta, socialmente justa e economicamente viável, além de outras fontes de origem controlada.